GERÇEK İTALYAN LASAGNA VE MAKARNA TARİFLERİ

EN İYİ 100 TARİF (lazanya yemek kitabı, lazanya tarifleri, eski yemek kitabı, vejetaryen lazanya, İtalyan yemekleri, makarna tarifleri)

Beyza Ünal

© COPYRIGHT 2022 TÜM HAKLARI SAKLIDIR Bu belge, ele alınan konu ve konuyla ilgili kesin ve güvenilir bilgi sağlamaya yöneliktir. Yayın, yayıncının muhasebe, resmi olarak izin verilen veya başka bir şekilde nitelikli hizmetler vermesi gerekmediği fikriyle satılmaktadır. Hukuki veya profesyonel tavsiye gerekliyse, meslekte deneyimli bir kişi sipariş edilmelidir.

Bu belgenin herhangi bir bölümünün elektronik veya basılı formatta çoğaltılması, çoğaltılması veya iletilmesi hiçbir şekilde yasal değildir. Bu yayının kaydedilmesi kesinlikle yasaktır ve yayıncıdan yazılı izin alınmadıkça bu belgenin herhangi bir şekilde saklanmasına izin verilmez. Tüm hakları Saklıdır.

Uyarı Sorumluluk Reddi, Bu kitaptaki bilgiler bilgimiz dahilinde doğru ve eksiksizdir. Tüm tavsiyeler, yazar veya hikaye yayıncılığı adına herhangi bir garanti olmaksızın yapılır. Yazar ve yayıncı, bu bilgilerin kullanımıyla bağlantılı olarak sorumluluk kabul etmemektedir.

GİRİİŞ 8
1. DOMATES PESTOLU MAKARNA 9
2. TAZE MAKARNALI HUITLACOCHE VE ISPANAK LAZAGNA ... 10
3. FIRINDAN ÇIKMIŞ BEYAZ MAKARNA 12
4. DOMATES SOSLU, MERCİMEKLİ VE BEYAZ FETALI SPİRELLİ 13
5. KURU MAKARNA LAZAGNA 15
6. MAKARNASIZ LASAGNA 16
7. DOMATES SOSLU NOHUTLU PENNE 18
8. ERİŞTE (MAKARNA) FİYONLU VE SPIRALLİ LASAGNA 20
9. Vejetaryen Erişte Güveç 21
10. ISPANAK, RİKOTTA, HAM VE MOZZARELLA LASAGNA (MATARAZZO MAKARNA) 23
11 TOFU İLE MAKARNA VE KARnabahar Güveç 26
12. EV YAPIMI MAKARNALI TUNA LASAGNA 29
13. KALÇOTLU VE Jambonlu Tortilla Kroketli Lazanya Makarna 30
14. KÖPEKBALIĞI MAKARNA LAZAGNA 32
13. Makarna ve Lahana Güveç 33
16. RİKOTTA LASAGNA TARZI MAKARNA 35
17. MATARAZZO HAZIR MATARAZZO İLE LAZAGNA 37
18. TAZE MAKARNALI SEBZE LAZAGNA 39
19. Soğanlı Makarna ve Patates Güveç 40
20. PIRASALI MAKARNA VE PEYNİR TAVASI 42
21. KARIŞIK LASAGNA (TAVUK, ET VE SEBZE) 44

22. KARBONARA SOSLU, MANTARLI VE KIRMIZI TAVUKLU LAZAGNA 46
23. PATLICAN LAZAGNA 48
24. KARIŞIK LAZAGNA 49
25. TAVUKLU TAVA LAZAGNA 52
26. LASAGNA DE POLLO, A LA TAZA...! 54
27. KABAKLI VE DOMATESLİ LASAGNA 55
28. Lazanya 57
29. DANİFLİ PATLICANLI LASAGNA 58
30. PEYNİRLİ VE SARIMSAK SOSLU KARIŞIK LASAGNA 61
31. MORTADELLA VE MOZZARELLA PEYNİRİ İLE DOLMUŞ LAZAGNA RULO 62
32. ÖZEL LASAGNA 64
33. OLGU MUZ LAZANYA 66
34. ET LAZAGNA 67
35. TAVUK VE HAM LAZAGNA 69
36. PATATES VE FASULYE LAZAGNA 70
37. SOBA ERİŞTELİ ASYA TOFUSU 72
38. KARIŞIK LASAGNA TAVUK VE ET 74
39. TAVUK LAZANYA KIRMIZI SOS (RAGÚ) 75
40. ET LAZAGNA 77
41. BEŞAMEL SOSLU TAVUK LASAGNA 78
42. TAVUK LAZAGNA 81
43. Rokalı Bezelye Makarnası 82
44. FIRINSIZ LAZAGNA 83
45. FIRINSIZ ET LAZAGNA 85

46. MUZLU KEK 87
47. SALATALI ET KREPE 88
48. ET LAZAGNA 90
49. ETLİ RAHAT LAZANYA 92
50. TAVUKLU, ISPANAKLI VE PEYNİRLİ LAZAGNA 94
51. BİBERİYE DOMATES SOSLU MAKARNA 96
52. VEJETARYAN MAKARNA BOLONEZ 98
53. PORTAKAL MAKARNA - SOMON SOSLU 100
54. PANCAR PESTO SOSLU PENNE SALATA 102
55. KIRMIZI ISPANAKLI ISPANAK LAZAGNA 104
56. VEGAN ISPANAK LAZAGNA 105
57. BEŞAMELSİZ LAZANYA 107
58. SOMON BROKOLİ LAZAGNA 109
59. SOMON LAZAGNA 112
60. SEBZE LAZAGNA 113
61. AKDENİZ MAKARNA SALATASI 115
62. KAVRULMUŞ SEBZELİ MAKARNA SALATASI 118
63. TONLU ERİŞTE 119
64. HIZLI SEBZE LAZANYA 121
65. DOMATES SOS 123
66. BRÜKSEL LAhanası Hurma Kaju Çorbası 125
67. PESTO CENNETLİ MAKARNA SALATASI 126
68. Kabak Lazanya 128
69. Somonlu Kabak Lazanya 130
70. VEGAN ISPANAK LAZAGNA 132

71. KIYILMIŞ VE ZUCCHINI LASAGNNE 134

72. TUNA LAZAGNA 136

73. Ispanaklı Lazanya 138

74. KARİDESLİ MAKARNA SALATASI 139

75. KIRMIZI ISPANAKLI ISPANAK LASAGNA 141

76. KUŞPARK LAZAGNA 142

77. Mercimek Bologneseli Makarna 145

78. HIZLI SEBZE LAZANYA 146

79. FIRINDAN ÇIKMIŞ BEYAZ MAKARNA 149

80. DOMATES SOSLU, MERCİMEKLİ VE BEYAZ FETALI SPİRELLİ 150

81. DÜŞÜK CARB LAZAGNA 152

82. TÜRKİYE İLE LASAGNA SAKSI 153

83. DOMATES SOSLU NOHUTLU PENNE 155

84. ÇİA VE BADEMLİ SÜT MUCİZESİ 157

85. BEŞAMELSİZ LAZANYA 159

86. EV YAPIMI GRANOLA 161

87. CHIA TOHUMLU HİNDİSTAN CEVİZLİ VE ÇİKOLATALI DONDURMA 163

88. DENİZ ÜRÜNLERİ LAZAGNA 164

89. Kakuleli ÇİKOLATALI ÇİLEK 166

90. ELMA PEYNİRLİ PEYNİR 167

91. PESTO ROSSO VE MOZZARELLA İLE FARFALLE 169

92. ŞEKERSİZ MEYVELİ KEK 170

93. ÇİKOLATALI ÇEREZLER 172

94. YABAN SARIMSAKLI ERİŞTE 173

95. YABANİ KUŞKONUKLU SPAGETTİ 176
96. ŞAMPİYONLU VE REZENELLİ SPAGETTİ 177
97. BAL FIRINDA KAYISI 179
98. TAVANDAN LAzanya 181
99. SOMON LAZAGNA 183
100. SOMON BROKOLİ LAZAGNA 185

ÇÖZÜM 224

GİRİİŞ

Lazanya muhtemelen en eski makarna türlerinden biridir. Eski Romalılar, bugünün lazanya al forno'ya (pişmiş lazanya) benzediğine inanılan 'lazanya' veya 'lasanum' olarak bilinen bir yemek yediler. Bu, fırında veya doğrudan ateşte pişirilen buğday unundan yapılmış ince bir hamur tabakasıydı. Bazı yemek tarihçileri, bu makarnanın daha da eski olduğuna inanıyor ve kelimenin aslen Antik Yunanca laganon kelimesinden geldiğini ve Romalılar tarafından 'ödünç alındığını' iddia ediyor. Her iki durumda da, orijinal kelimeler bir pişirme kabına atıfta bulundu ve sonunda yemek, içinde hazırlandığı 'tencerenin' adını aldı.

Orta Çağ'da pişmiş lazanya o kadar yaygınlaştı ki birçok İtalyan şair ve yazar yazılarında bundan bahsetti. Orta Çağ'dan itibaren tariflerin çoğu, aralarında et ve/veya peynirle pişirilmiş makarna tabakalarının olduğu, bugün bildiğimize daha çok benzeyen bir yemeği tanımlar. Ancak, 1800 civarında İtalyan yemeklerinde domates kullanılmaya başlayana kadar lazanya al forno, çoğumuzun 'lazanya' dediği yemeğe daha çok benzemeye başladı.

1. DOMATES PESTOLU MAKARNA

içindekiler
- 1 gr biber
- 1 gr tuz
- 100 ml su
- 25 gr pesto ai Pomodori Secchi
- 100 gr tam tahıllı makarna
- 15 gr parmesan peyniri

hazırlık
1. Öncelikle makarnayı yeterince tuzlu suda al dente kıvamına gelene kadar haşlayın.
2. Kurutulmuş domates pestosunu makarnanın üzerine yayın.
3. Domatesli pesto soslu makarnayı, parmesan ve taze rendelenmiş biberle servis edin.

2. TAZE MAKARNALI HUITLACOCHE VE ISPANAK LAZAGNA

İçindekiler

- 250 gram yaprak taze makarna
- 500 gram pişmiş huitlacoche
- 100 mililitre krema
- 200 gram peynir
- 100 gram ıspanak

adımlar

1. Fırına girmek için uygun bir refrakter alın ve lazanyayı hazırlamak için tüm malzemelerinizi hazırlayın.
2. Lazanyayı tabana biraz krema, makarna, huitlacoche, krema, peynir ve ıspanak koyarak istediğiniz sıraya göre katmanlar oluşturacak şekilde birleştirin.
3. Fırına girince graten için krema ve peynirle bitirin
4. 180 derecelik bir fırında 20 ila 25 dakika veya peynir graten ve altın rengi kahverengi olana kadar pişirin.

3. FIRINDAN ÇIKMIŞ BEYAZ MAKARNA

içindekiler

- 600 gr kiraz domates
- 1 kırmızı soğan
- 2 diş sarımsak
- 200 gr beyaz peynir
- 1 yemek kaşığı zeytinyağı
- tuz
- biber
- 1 tutam kuru kekik
- 1 tutam kuru kekik
- 1 tutam pul biber
- 400 gr kepekli spagetti
- 2 avuç fesleğen

Hazırlık adımları

1. Domatesleri temizleyip yıkayın ve gerekirse ikiye bölün. Soğanları soyun, ikiye bölün ve ince dilimler halinde kesin. Sarımsakları soyun ve dilimleyin. Sebzeleri bir fırın tepsisine ve beyaz peyniri ortasına koyun. Hepsini zeytinyağı, tuz, karabiber ve baharatlarla serpin.
2. 200°C önceden ısıtılmış fırında pişirin

(konveksiyon 180 °C, gaz: seviye 3) 30-35 dakika.

3. Bu arada makarnayı kaynayan tuzlu suda haşlamak için paketteki talimatları uygulayın. Fesleğeni yıkayın, kuruması için sallayın ve yapraklarını koparın.
4. Makarnayı süzün ve süzün. Beyaz peyniri ve sebzeleri fırından çıkarın, çatalla kabaca doğrayın ve karıştırın. Makarnayı ve $1\frac{1}{2}$ avuç fesleğeni bir fırın tepsisine koyun, her şeyi iyice karıştırın ve 4 tabağa dağıtın.

Kalan fesleğen yaprakları ile servis yapın.

4. DOMATES SOSLU, MERCİMEKLİ VE BEYAZ FETALI SPİRELLİ

içindekiler
- 50 gr beluga mercimek
- 1 arpacık soğanı
- 1 diş sarımsak
- 1 havuç
- 1 kabak
- 2 yemek kaşığı zeytinyağı
- ½ çay kaşığı harissa ezmesi
- 200 gr iri domates (kutu)
- tuz
- biber
- 1 dal kekik
- 250 gr kepekli makarna (spirelli)
- 200 gr kiraz domates
- 50 gr beyaz peynir

Hazırlık adımları
1. Mercimekleri iki katı kaynar suda 25 dakika yumuşayana kadar pişirin. Ardından süzün ve süzün.
2. Bu arada soğanı ve sarımsağı soyup doğrayın. Havuç ve kabakları temizleyip küçük küçük doğrayın.
3. Yağı bir tavada ısıtın ve arpacık soğanı ve sarımsağı orta ateşte 3 dakika kızartın, ardından havuç, kabak ve harissa salçasını ekleyin ve 5 dakika kızartın. Ardından domatesleri ekleyin ve 4 dakika daha kısık ateşte pişirin. Kekik yıkayın, kuruması için sallayın ve yapraklarına dokunun. Sosu tuz, karabiber ve kekik ile tatlandırın.
4. Aynı anda paketin üzerindeki talimatlara uyun ve makarnayı bol kaynar tuzlu suda 8 dakika pişirin. Ardından süzün ve süzün. Bitmiş mercimekleri tuz ve karabiberle tatlandırın. Domatesleri yıkayıp 4 eşit parçaya bölün. Beyaz peyniri ezin.
5. Makarnayı bir kaseye koyun, sosu mercimek ve domatesle dökün, beyaz peynir serpin ve afiyet olsun.

5. KURU MAKARNA LAZAGNA

İçindekiler

- 1 paket dirsek eriştesi
- 200 gram pişmiş jambon
- 100 gram makine peyniri
- c / n mozzarella
- ketçap
- 1 paket ıspanak
- 1 soğan
- 1/2 Aji moron

adımlar

1. Dirsek paketini paketin üzerinde belirtilen süre boyunca kaynatın, süzün, rezerve edin
2. Eriştelerin yarısını üzerine sıvı yağ, pişmiş jambon serptiğimiz fırın tepsisine koyun.
3. Soğanı yıkayın, doğrayın, dolmalık biber ve doğranmış ıspanak yapraklarıyla birlikte azalıncaya kadar soteleyin - yarısını pişmiş jambonun üzerine koyun - bir kat makine peyniri ve ıspanakların geri kalanını yerleştirin
4. Pişmiş jambon ve kalan erişte ile doldurun, mozzarella peyniri ile tamamlayın
5. Sosla kaplayın - önceden ısıtılmış bir fırına maksimum yakl. 20 '25' - her fırına göre değişir
6. Kuru makarna lazanya tarifinin 5. adımının fotoğrafı
7. Fırını kapatın, mutfakta birkaç dakika bekletin, masaya getirin, porsiyonlar halinde kesin.
8. Daha fazla domates sosu ve rendelenmiş peynir ile servis yapın (isteğe bağlı)

6. MAKARNASIZ LASAGNA

İçindekiler

- 1/2 ince doğranmış soğan
- 2 diş sarımsak
- 1/2 kilo dana kıyma
- 8 adet közlenmiş poblano biberi, soyulmuş ve kabuğu soyulmuş
- 12 taze mantar
- 3 kabak
- 1 paket Taze ıspanak
- 1 Keçi peyniri
- c / n Chihuahua peyniri
- 1 domates salçası olabilir
- Tuz tatmak
- Biber tatmak
- kuru maydanozu tatmak

- kekik tatmak

adımlar

1. Pişirilecek eti az zeytinyağı ile bir tencereye koyun, soğan ve ince kıyılmış sarımsakları ekleyin...
2. ... mantarları doğrayın ve tavaya ekleyin ve baharatları ekleyin, salçayı ekleyin ...
3. ... patates soyucu ile: kabakları dilimler halinde kesin ve ayırın, poblano biberlerini temizleyin, chihuahua ve keçiyi rendeleyin, küçük parçalar halinde kesin, ıspanak yapraklarını temizleyin ...
4. ... biberin kuyruklarını çıkarın ve yaprak şeklinde kesin ...
5. Et piştiğinde; Bir tabak poblano biberi fırına dayanıklı bir kaba, sonra dana yahnisine, sonra biraz keçi peynirine, sonra ıspanağa, bir başka chihuahua peyniri yatağına, bir kat kabak dilimlerine, bir tabak dana güvecine konur.
.... hepsini tekrar et ...
6. ... Her şeyden bir yatak koymak ...
7. ... kabak ile bitene kadar tekrarlayın ve sonunda peynir koyun ...
8. ..... 160 ° C'de 15 dakika veya mikrodalgada 8 dakika fırına koyun .... hazır!!!!!

7. DOMATES SOSLU NOHUTLU PENNE

içindekiler
- 1 diş sarımsak
- 2 havuç
- 3 yemek kaşığı zeytinyağı
- ½ çay kaşığı kimyon
- 1 tutam acı biber
- 200 gr iri domates (kutu)
- 50 ml soya kreması
- tuz
- biber
- kurutulmuş biberiye
- 250 gr kepekli makarna (penne)
- 100 gr nohut
- ½ çay kaşığı zerdeçal tozu
- 1 çay kaşığı susam
- 1 avuç roka

Hazırlık adımları
1. Sarımsakları soyun ve doğrayın. Havucu temizleyin, yıkayın ve rendeleyin.
2. 2 yemek kaşığı yağı bir tencerede kızdırın, orta ateşte 5 dakika sarımsak ve havucu soteleyin, ardından kimyon, kırmızı biber ve domatesi ekleyin ve 4 dakika daha kısık ateşte pişirin. Soya kremasını ekleyin ve sosu tuz, karabiber ve biberiye ile baharatlayın.
3. Aynı zamanda makarnayı bol kaynar tuzlu suda paketin üzerindeki talimatlara göre 8 dakika pişirin. Ardından suyu boşaltın ve suyu boşaltın.
4. Nohutları pişirmek için kalan yağı bir tavada ısıtın, nohut, zerdeçal, susam ekleyin ve orta ateşte 4 dakika soteleyin. Tuz ve karabiberle tatlandırın. Rokayı yıkayın ve sallayarak kurutun.
5. Makarnayı kaselere paylaştırın, üzerine nohut sosu dökün ve roka ile servis yapın.

8. ERİŞTE (MAKARNA) FİYONLU VE SPİRALLİ LASAGNA

İçindekiler

- 350 gram öğütülmüş veya kıyılmış et
- 1 adet papyonlu erişte paketi
- 1/2 spiral erişte paketi
- 1 soğan
- 1 havuç
- 2 zarf domates sosu
- 10 yaprak peynir

adımlar

1. Eti soğan, havuç ve baharatlarla birlikte bir tavada pişirin, ardından bir çeşit Bolognese sosu olarak domates sosunu ekleyin 2. Tarifin 1. adımındaki fotoğraf Lazanya erişte (makarna) papyon ve spiraller.
3. Bir tencerede papyonları helezonlarla birlikte bol suda pişirin ve birkaç defne yaprağı ekleyin, hazır olduğunda suyu dökün ve makarnayı daha sonra kullanmak üzere ayırın.
4. Büyük bir fırın tepsisine çok miktarda erişte, ardından biraz peynir koyun ve tüm makarnayı kaplayacak şekilde dibe ulaşana kadar sosu ekleyin ve ardından tekrar ince bir erişte tabakası koyun.
5. Bitirmek için bir kat peynir koyun ve 15 dakika pişirin, 5 dakika dinlendirin ve servise hazır!

9. Vejetaryen Erişte Güveç

içindekiler

- 400 gr kepekli makarna egb makarna
- tuz
- 1 direk pırasa
- 200 gr brokoli
- 1 kırmızı biber
- 100 gr kurutulmuş domates
- 4 yumurta
- 100 ml süt (%3,5 yağ)
- 100 gr krem fraiche peyniri
- 100 gr rendelenmiş peynir (örn. Emmentaler, gouda)
- biber
- küçük hindistan cevizi

Hazırlık adımları

1. Tuzlu suda, makarnaları ısırmak, boşaltmak ve boşaltmak için sertleşene kadar kaynatın. Pırasa yıkanır ve temizlenir, ardından halkalar halinde kesilir. 1 avuç pırasa halkasını süslemek için ayırın. Brokoliyi yıkayın, çiçeklerini ayırın, sapını doğrayın ve soyun. Tuzlu suda 2-3 dakika birlikte pişirin (beyazlatın). Söndür ve kuyuyu boşalt. Biberler yıkanıp temizlenmeli ve küçük parçalar halinde kesilmelidir. Domateslerle şeritler halinde kesin.
2. Yumurtaları süt, taze krema ve peynirin yarısı ile karıştırın. Tuz, karabiber ve hindistan cevizi ile tatlandırın.
3. Brokoli, pırasa, dolmalık biber ve domatesleri makarna ile karıştırın ve dört adet tek servislik fırın kabına (veya bir büyük fırın kabına) koyun. Yumurtalı sütün üzerine dökün, kalan peyniri serpin ve önceden ısıtılmış 180 °C'de (fanlı fırın: 160 °C; gazlı: 2-3 derece) altı üstü kızarana kadar pişirin.
30 dakika. Üzerine kalan pırasa serperek servis yapın.

10. ISPANAK, RİKOTTA, HAM VE MOZZARELLA LASAGNA (MATARAZZO MAKARNA)

İçindekiler

- Matarazzo lazanya erişte - Ön nemlendirmeden kullandım
- Ispanak
- İtalyan peyniri
- Pişmiş jambon
- Mozzarella peyniri veya rendelenmiş veya taze peynir.
- Süt kreması
- Domates sosu ... (Veya domates püresi)
- Tuz, tatmak için baharatlar

adımlar

1. Süzülen pişmiş ıspanakla karıştırın ... ve ricotta ... tuz, karabiber, hindistan cevizi ... bir yumurta koyabilirsiniz ... Ben normal ricotta yerim ... yağsız olanı değil ... Eklemedim ... kremsiydi ve dolgu bir araya geldi. . .
2. Bir tabakta ... benim durumumda dikdörtgen bir cam payreks ... domates sosu koyun (kutudaki gibi domates püresini kullandım) ... bir çiseleyen krema (hafif olanı yemek

pişirmek için kullanıyorum) ... örtün çeşmenin dibinde böyle...

3. Sonra lazanya erişte tabaklarını kutuya geldikleri gibi koyun... (ıslatmaları gereken makarnaysa... kutuda yazdığı gibi hidratlamak için daha önce koysunlar!) ... benim durumumda . .. nemlendirmeden kullanın ... ve harika!! ... süper pratik!

4. Bir kat ricotta ve ıspanaklı iç harcı koyun... (iç harcı ikiye bölün... 2 kat dolgu var)

5. Doldurmanın üstüne ... birkaç dilim pişmiş jambon koyun ... ve üzerine rendelenmiş mozzarella peyniri ... mozzarellanız yoksa ... rendelenmiş peynir ekleyin ... veya taze peynir ...

6. Sonra erişte yapabilen bir başkası (lazanya tabakları) ... ve başka bir ricotta ve ıspanak dolgusu tabakası ... tekrar jambon

    ... ve ardından rendelenmiş mozzarella peyniri veya hangi peyniri kullanıyorsanız...

11 TOFU İLE MAKARNA VE KARnabahar Güveç

Hazırlanışı: 20 dk. 50 dakikada hazır

Besin değerleri

- Kalori 916 kcal (%44)
- Protein 38 gr (%39)
- Yağ 47 gr (% 41)
- Karbonhidratlar 85 g (%57)
- ilave şeker 0 g (%0)
- Fiber 13,8 g (%46)içerikler
- 1 küçük karnabahar

- tuz
- 200 gr füme tofu
- 1 çay kaşığı bitkisel yağ
- 400 gr yeşil şerit erişte
- 1 domates
- 150 gr rendelenmiş vegan peynir
- kalıp için bitkisel yağ
- 50 gr vegan margarin
- 2 yemek kaşığı un
- 250 ml soya kreması
- 120 ml sebze suyu
- değirmenden biber
- taze rendelenmiş Hindistan cevizi

Hazırlık adımları

1. Karnabahar yıkanır ve çiçeklere ayrılır. Yaklaşık 3 dakika tuzlu suda haşlayın. Alın, soğuk suda durulayın ve boşaltın. Tofuyu küçük küpler halinde kesin ve kızgın yağda kızarana kadar kızartın.
Daha sonra çıkarın ve bir kenara koyun.

2. Makarnayı kaynayan tuzlu suda haşlayın ve pişme süresi dolmadan 1-2 dakika önce süzün, ardından soğuk sudan geçirip süzün. Domates yıkanır, sapı çıkarılır ve dilimler halinde kesilir. Peynirinizi kaba rendeleyin.
3. Fırını önceden 200 ° C'ye ısıtın. Fırın tepsisini yağlayın. Margarini bir tencerede ısıtın, unu karıştırın, karıştırarak kısık ateşte altın rengi olana kadar kızartın. Kremayı sebze suyuyla birlikte karıştırarak yavaş yavaş ekleyin ve kaynatın. Tuz, karabiber ve hindistan cevizi ile tatlandırın. Tofu ve karnabahar çiçekleriyle birlikte hamuru fırın tepsisine yayın ve üzerine domates dilimlerini yerleştirin. Üzerine sosu dökün ve peynir serpin. Önceden ısıtılmış fırında yaklaşık 20 dakika gratine edin.

12. EV YAPIMI MAKARNALI TUNA LASAGNA

İçindekiler

Makarna için: 300 gram un

- 3 yumurta
- Tuz ve bir çiseleyen sıvı yağ

doldurulmuş:

- Domates sos, kızarmış soğan, pırasa, sarımsak, biber
- jülyen ve rendelenmiş pancar, ton balığı, zeytin, peynir,
- kekik, krema ve tereyağı

Makarnayı güzelce karıştırarak bir çeyrek saat üzeri kapalı dinlenmeye bırakıyoruz.
2. Domates sosu yapmayı hayal ettiğimiz gibi yapıyoruz.
3. Sosu sıvı yağ ile değil biraz su ve tuz ile yaptım. Kızarttıktan sonra suyunu süzüp domates sosu, ton balığı ve zeytin ile karıştırdım.
4. Makarnayı üç parçaya kesip mümkün olduğunca ince olana kadar uzatıyoruz.
5. Montaj: biraz sofrito, makarna, sofrito, krema, sofrito makarna, krema, makarna, sofrito, krema, rendelenmiş peynir, kekik ve birkaç küçük tereyağı karışımı.
6. Ben odun fırınında yaptığım için derecesini bilmediğim fırına koyduk ve peynirin eridiğini görene kadar bekletiyoruz.

adımlar

1.
13. KALÇOTLU VE Jambonlu Tortilla Kroketli Lazanya Makarna

İçindekiler

- 800 gr. Calçots serrano jambonlu kroket makarna
- 500 ml. havuç kreması
- 100 gram. Tacolarda Serrano jambonu
- kekik tozu
- Zeytin yağı
- Rendelenmiş peynir
- 9 bıçaklı lazanya Pişirmek için:

- 3 litre Su
- 10 gr. Tuzun
- 1 büyük kepçe zeytinyağı

Bu iki kalıntı. Bir yanda kroket makarna, diğer yanda kekik aromalı havuç kreması. 3 litre tuzlu suyu kaynatın. Kaynamaya başlayınca bir yemek kaşığı zeytinyağı ve lazanya yapraklarını ekleyin. Yapışmamaları için hafifçe ve nazikçe karıştırın. 12 ila 15 dakika pişirin. Oluklu bir kaşıkla çıkarın ve 40 saniye soğuk suya koyun. Temiz bir bez üzerine boşaltın.

2. Zeytinyağı ve kuru kekik gezdirilmiş havuç kremasından bir taban koyun ve üstüne iki yaprak lazanya koyun. En üste 100 gr Serrano jambonu eklediğimiz kroket hamurunu yerleştiriyoruz.

3. 2 yüksekliği tamamlamak için işlemi tekrarlayın. Üzerine havuçlu kremayı yayın ve kekik serpin.

4. Rendelenmiş kaşar peynirini ekleyip önceden ısıtılmış fırına verin. Her şeyi ısıtmak için önce orta yükseklikte, sonra peyniri rendelemek için en üstte.

5. 2 tepsi çıktı. 1'i 6 yapraklı, diğeri 3 yapraklı. Zevk almak

adımlar

1.
14. KÖPEKBALIĞI MAKARNA LAZAGNA

İçindekiler

- 200 gram köpek balığı makarnası
- 400 gram kıyma
- 1 dilim kırmızı biber
- 1 soğan
- 1 diş tombul sarımsak
- 2 yemek kaşığı buğday unu
- 400 ml sıcak süt
- 3 yemek kaşığı Tereyağı
- Tuz tatmak
- 2 yemek kaşığı sızma zeytinyağı
- 1 bardak Beyaz şarap
- kızarmış domates

Biber ve soğanı küçük parçalar halinde kesin. Sarımsağı ezin.

2. Bir tavaya sızma zeytinyağını, soğanı, biberi ve sarımsağı koyun. Bir sos yapın. Kıyılmış eti ekleyin. İyice karıştırın. Tuz, beyaz şarap ekleyin, kızartın. Hadi yapalım.
3. Et pişerken makarnayı pişirin.
4. Bir tencereye tereyağını koyun, eridikten sonra unu ekleyin, topaksız homojen bir karışım elde edene kadar karıştırın. Tuz, hindistan cevizi ve sıcak sütü ekleyin. İyice karıştırın.
5. Beşamelin bir kısmını fırın tepsisine dökün.
6. Makarna hazır olduğunda süzün.
7. Beşamel sosun üzerine makarnayı ekleyin.
8. eti ekleyin
9. Beşamelin geri kalanını ekleyin
10. Peyniri tatmak için koyun.
11. Hizmet et ve git

adımlar

1.
13. Makarna ve Lahana Güveç

içindekiler

- 500 gr kepekli makarna (farfalle)
- tuz
- 2 havuç
- 500 gr sivri lahana (yaklaşık 1/4 sivri lahana)
- 2 yemek kaşığı tereyağı
- 3 yemek kaşığı zeytinyağı
- 150 ml sebze suyu
- biber
- 100 gr rendelenmiş mozzarella
- Süslemek için 2 dal fesleğen

Hazırlık adımları

1. Tam buğdaylı makarnayı bol kaynar tuzlu suda paketindeki talimatlara göre pişirin. Boşaltın ve boşaltın.
2. Bu arada havuçları soyun ve ince dilimler halinde kesin. Sivri lahanayı temizleyin, küçük parçalar halinde kesin ve bir kevgir içinde yıkayın.
3. Tereyağı ve zeytinyağını bir tavada ısıtın, içinde sivri lahana ve havuçları kızartın. Et suyuyla deglaze edin, tuz ve karabiber serpin ve sıvı kaynayıncaya kadar orta ateşte pişirin. Ara sıra karıştır.
4. Farfalle'yi sebzelerle karıştırın ve bir fırın tepsisine yayın. Üzerine peynir serpin ve önceden ısıtılmış 180 °C'de (konveksiyon 160 °C; gaz: seviye 2-3) 15-20 dakika ızgara yapın. Fesleğenle süsleyin.

16.İTALYAN PEYNİRİ LASAGNA TARZI MAKARNA

İçindekiler

- Penne Rigote makarna
- dana kıyma
- makarna sosu
- Tereyağı
- un
- Süt
- mozzarella peyniri
- Parmesan Peyniri
- Yumurta
- sarımsak tuzu
- Biber

adımlar

1. Penne Rigote makarna pişirme (500 gr)
2. 500 gram kıyma baharatını biber, tavuk suyu, soğan tuzu ve sarımsak tuzu ile tatlandırın
3. İki yemek kaşığı tereyağ, bir yemek kaşığı un ve 3 su bardağı süt ile bir sos hazırlayın, kısık ateşte sos koyulaşana kadar pişirin.
4. 3 çırpılmış yumurtayı makarnanın üzerine dökün ve iyice kapatın.
5. Makarnayı bir kaseye alıp üzerini makarna sosuyla kaplayın (domates püresi ve kekik ile de yapılabilir)
6. Kıyma yatağını koyun, beyaz sosla kaplayın ve mozzarella peyniri ve Parmesan peyniri serpin. 30 dakika pişirin.
7. Porsiyon olarak servis yapın ve kişniş veya maydanozla süsleyin ve tadını çıkarın!

17. MATARAZZO HAZIR MATARAZZO İLE LAZAGNA

İçindekiler

- 250 gr lazanya için hazır makarna Matarazzo
- 500 gr ıspanak
- 400 gr ricotta
- 300 gr kıyma
- 200 gr dilimler halinde pişirilmiş jambon
- 200 gr dambo peynir dilimler halinde
- 4 orta boy soğan
- Sos için 2 kutu uzman domates
- 200 gr süt kreması
- 100 gr reggiano peyniri rendelemek için

adımlar

1. Matarazzo hamurunu kutunun söylediği gibi ıslatın ve fırını minimuma getirin.
2. Yarım soğanı soteleyin, ıspanağı (önceden haşlanmış) ve ricotta'yı ekleyin. Tuz ve karabiberle tatlandırın.
3. Başka bir tavada yarım soğanı soteleyin, eti ekleyin ve pişirin. Tuz ve karabiberle tatlandırın.
4. İki kutu domates perita ve kalan iki soğan ile büyük bir tavada bir domates sosu yapın. Dilerseniz pul biber de ekleyebilirsiniz.
5. Bir kat matarazzo hazır makarna yapın, üstüne ıspanak hazırlığını ekleyin, domates sosu ve krema ile kaplayın.
6. Bir kat daha makarna, pişmiş jambon, çubuk peynir ekleyin ve tekrar domates sosu ve krema ile kaplayın.
7. Başka bir kat makarna ve domates sosu ve krema ile et hazırlığı ekleyin.
8. Son kat makarna ile kaplayın ve üstüne domates sosu ve kremanın geri kalanıyla. Üzerine 100 gr reggianito peynirini rendeleyin.

9. Son olarak, en az 20 dakika fırına koyun. Servis yapmadan önce biraz soğumaya bırakın.
6 - 10 büyük porsiyon servis eder.

18. TAZE MAKARNALI SEBZE LAZAGNA

İçindekiler

Taze makarna:

- 300 gr un
- 3 yumurta
- bir tutam Tuz

Sebze:

- Bir parça yeşil biber
- 1 havuç
- 1 dilim kırmızı biber

- 1 taze soğan
- 1 pırasa
- 1 patlıcan
- 1 kabak
- 150 gr mantar
- 3 diş Sarımsak
- Rendelenmiş peynir karışımı 4 peynir
- biber, tuz ve kuru zencefil

adımlar

1. Sebzeleri doğrayın ve iyice haşlayın, tadına biber, tuz ve zencefil ekleyin ve saklayın.
2. Hamuru yoğurup sonlu olacak şekilde makineden birkaç kez geçiriyoruz.
3. Sonra tencerenin altını sebzelerle kaplıyoruz ve rendelenmiş peynir serpiyoruz, makarna ile kaplıyoruz vb.
4. Beşamel yapıyoruz, üzerine peynir serpiyoruz, önceden ısıtılmış fırına, peynir eriyene ve kızarana kadar koyuyoruz (her fırına göre değişir).
5. Ve geriye kalan tek şey bu harika yemeği tabaklamak ve tatmak.

19. Soğanlı Makarna ve Patates Güveç

içindekiler

- 600 gr patates
- 300 gr kruvasan şehriye
- 2 yemek kaşığı kıyılmış maydanoz
- 50 gr eritilmiş tereyağı
- tuz
- biber
- üzerine dökmek için
- 400 ml süt (isterseniz 200 ml krema ile değiştirin)
- 4 yumurta
- 100 gr Ementaler ince rendelenmiş
- Arzuya göre 2 soğan
- 4 yemek kaşığı temizlenmiş tereyağı
- 50 gr Emmentaler bağışlandı

Hazırlık adımları

1. Patatesler soyulur, lokma büyüklüğünde kesilir ve bol tuzlu suda 20 dakika pişirilir. Paket talimatlarını izleyerek makarnayı bol miktarda tuzlu suda pişirin.
2. Bu arada karışımı yumurtalarla birlikte çırpın. Sütü tuz, karabiber ve hindistan cevizi ile baharatlayın ve peynirleri karışıma ekleyin. Yarısını pişirmek için bir tabağa dökün. Patatesleri ve makarnayı süzüp iyice süzün, maydanoz ve tereyağı ile bir kapta karıştırın, fırın kabına dökün, kalan yumurtalı sütü dökün ve alüminyum folyo ile kapatın. Yaklaşık 200°'de pişirin. önceden ısıtılmış fırında. Otuz dakika boyunca.
3. Bu arada soğanları soyun, ince halkalar halinde kesin ve tereyağında altın rengi olana kadar kızartın. Fırından çıkardığınız güveci çıkarın, üzerini örtün, peynir serpin ve soğanla süsleyerek servis yapın.

20. PIRASALI MAKARNA VE PEYNİR TAVASI

içindekiler

- 25 gr ceviz içi (1 avuç)
- 200 gr kepekli makarna (linguine)
- tuz
- 1 direk pırasa
- 1 soğan
- 250 gr tavuk göğüs filetosu
- 15 gr tereyağı (1 yemek kaşığı)
- 200 gr krema (%15 yağ)
- biber
- 1 tatlı kaşığı kurutulmuş mercanköşk

- 100 gr mavi peynir (kuru maddede %30 yağ)

Hazırlama adımları

1. Cevizleri irice doğrayın ve yağsız kızgın tavada orta ateşte 3 dakika kızartın. Kaldırın ve bir kenara koyun. Makarnayı bol tuzlu suda paketin üzerindeki talimatlara göre ısırıncaya kadar pişirin. Ardından süzün ve süzün.
2. Erişteler haşlanırken pırasayı temizleyip uzunlamasına ikiye bölün ve yaprak araları da dahil olmak üzere akan soğuk su altında iyice yıkayın. Kurutun ve her şeyi ince halkalar halinde kesin.

    Soğanı soyun ve ince doğrayın.
3. Tavuk göğsünü yıkayın, kurulayın ve şeritler halinde kesin. Yağı büyük bir tavada ısıtın. Eti ekleyin ve yaklaşık 3 dakika yüksek ateşte kızartın. Soğanı ekleyin ve orta ateşte 2 dakika soteleyin. Pırasayı etin üzerine ekleyin ve kapağın altında 2-3 dakika pişirin.
4. Pişirme kremasını dökün, makarnayı karıştırın ve her şeyi tuz, karabiber ve mercanköşk ile baharatlayın. Peyniri küçük parçalar halinde kesin, makarnanın üzerine dökün ve cevizli tabaklara servis edin.

21. KARIŞIK LASAGNA (TAVUK, ET VE SEBZE)

İçindekiler

- 1 tavuk göğsü
- 1 kilo dana kıyma
- 1 demet pazı
- Sarımsak, tuz, kırmızı biber, salsina
- 1 zarf Beşamel sos
- 1 zarf Bolonez sosu
- 1 kutu lazanya makarna
- 1/2 kilo kırılmış peynir
- 1/2 kiloluk Parmesan
- Kekik
- Lazanya kalıpları

Göğsü sarımsak, tuz ve kırmızı biberle pişirin
2. Pazı doğrayın ve sosla pişirin
3. Kıymayı baharatlar, tuz ve kırmızı biberle hafifçe pişirin.
4. Eti altın kahverengi olana kadar soteleyin.
5. Beşamel sosu hazırlayın
6. Bolonez sosunu hazırlayın
7. Bolognese sosunu et pişiricisiyle orta ateşte 3 dakika karıştırın.
8. Pecuga'yı parçalamak
9. Kapları yağlayın ve Parmesan peyniri ve kekik ile tamamlanan makarna, peynir, et, tavuk ve sebzeleri her katta bir tane olacak şekilde katlayın.
10. Katları beğeninize göre inşa edin
11. Alüminyum folyo ile kaplayın ve önceden ısıtılmış 180° fırında 15-20 dakika pişirin.

adımlar

1.
22. KARBONARA SOSLU, MANTARLI VE KIRMIZI TAVUKLU LAZAGNA

İçindekiler

- 1/2 Tavuk göğsü
- 1 Zarf Carbonara sosu
- 3 su bardağı Tam yağlı süt
- 125 gram Mantar
- 250 gram lazanya
- 250 gram Mozzarella peyniri
- 1 küp Tavuk çorbası
- 1 yemek kaşığı Kişniş Tozu
- iki Alüminyum Fırın Kabuğu

Tavuk göğsü su ve tavuk suyu küpü ile pişirilir. 15 dakika kadar içinin ve dışının piştiğini görene kadar pişirin. Tencereden ve et suyundan çıkarılır -Başka bir tarif için saklanabilir-. Tavuk kıyılmış ve ayrılmıştır.

2. Geniş ağızlı bir kaseye lazanyayı pişirmek ve daha kolay parçalayabilmek için su, tuz ve 1 yemek kaşığı sıvı yağı kızdırın. Bir süre daha yok ..... ve yapışmadan birer birer tepsiye koyuyoruz...

3. 1 yemek kaşığı tereyağ ve tuz eklenmiş mantarlar biraz pişmeye bırakılır.

4. Başka bir tencerede 3 su bardağı tam yağlı sütün içine karbonara sosu oda sıcaklığında iyice karıştırın ve kaynayıp koyulaşana kadar ocağın üzerine koyun ve kişniş tozunu ekleyin.

5. Çoktan! Her şey hazır ve pişmiş: şimdi lazanyayı şu şekilde birleştirin: Her bir koka, her tarafı tereyağı ile yağlanır, ikiye bölünmüş bir makarna carbonara sosu, ardından peynir, rendelenmiş tavuk, başka bir makarna, carbonara sosu, mantar, makarna, peynir, carbonara sos, tavuk vb.. bitene kadar.

adımlar

1.

23. PATLICAN LAZAGNA

İçindekiler

- iki patlıcan
- 1 kilo dana kıyma
- 2 su bardağı karnabahar beşamel sos
- 2 su bardağı domates salçası
- 250 gram peynir

Patlıcanları dilimler halinde kesip 20 dakika tuzlu suda beklettikten sonra çıkarın, kurutun ve her iki tarafını 3'er dakika kızartın.

2. Patlıcanlar kavrulduktan sonra lazanyayı hazırlayın. Bir kat karnabahar beşamel sos koyun, patlıcan dilimleri, salça, et, bıraktım ve tekrar patlıcan dilimleri. Malzemeler bitene kadar devam edin, peynirle bitirin.
3. Lazanyayı 20 dakika fırına hazırlayın. Hazır, servis yapın ve keyfini çıkarın.

24. KARIŞIK LAZAGNA

İçindekiler

- Lazanya için 500 tane makarna
- 600 gram kemiksiz göğüs

adımlar

1.
- 600 gram krem peynir
- 3 yaprak defne
- 1 / 2 Soğan
- Tuz ve biber
- 3 yumurta

Bolonez sos için

- 1 havuç
- 2 diş sarımsak
- 1 soğan
- 300 gram domates
- 1 su bardağı kırmızı şarap
- Beşamel için

- 80 gram buğday unu
- 1/2 su bardağı süt
- 30 gram Tereyağı
- 2 su bardağı tavuk çorbası

adımlar

1. Tavuk göğsünü soğan, defne yaprağı, tuz ve karabiberle tatmak için yerleştirin.
2. Tavuğu parçalayın ve suyu süzgeçten geçirin, suyu kısık ateşte koyun, hafif bir roux hazırlarken, et suyuna sütü ekleyin ve roux'u sürekli karıştırın, kalınlaştıkça tavuğu ekleyin.
3. Bir tavada sarımsağı soteleyin, ardından küp küp soğan, küp küp kereviz, küp küp havuç ekleyin, şarabı ekleyin ve bu sos et ve domatesleri ekledikten sonra buharlaşmasına izin verin ve pişirin. Tuzu ayıklayın ve renk ve kimyon ekleyin.
4. Peyniri rendeleyin ve bir kapta yumurtaları çırpın.
5. Kalıbın içine bir kat makarna, bir kat tavuk ve peynir, bir kat makarna ve bir kat karbonara ve Ana kat makarna, bol peynir ve yumurta koyun. 180 derecede 20 dakika pişirin.

25. TAVUKLU TAVA LAZAGNA

İçindekiler

- lazanya makarna
- Ispanak
- kurutulmuş domates
- Tavuk çorbası
- 1/3 su bardağı tam yağlı süt veya krema
- Tam yağlı süt kullanıyorsanız 1 yemek kaşığı buğday unu
- tuz ve karabiber tatmak
- 2 diş ezilmiş sarımsak
- Parmesan Peyniri
- mozarella peyniri

tavuk için

- Tavuk göğsü
- Kırmızı biber
- tuz ve karabiber tatmak
- Kuru kekik
- 1/2 yemek kaşığı limon suyu

adımlar

1. Önceden ısıtılmış bir tavada zeytinyağını ekleyip küp küp doğranmış tavuk göğsünü, kırmızı biber, tuz ve karabiber, kekik ve limon suyunu ilave ediyoruz. Kısık ateşte tavukların her iki tarafı da altın rengi olana kadar pişirelim.
2. Başka bir tavaya zeytinyağını ekleyeceğiz ve sıcakken ıspanak ve sarımsağı ekleyeceğiz, sarımsak renklendiğinde kuru domatesleri ekleyeceğiz ve birkaç saniye sonra tavuk suyunu ekleyeceğiz. ,tuz-karabiber ve süt veya süt kremasını her şey bütünleşene kadar iyice karıştırın ve sıra gelen lazanyalı makarnayı ilave edip tencerenin kapağını kapatıp kısık ateşte pişmeye bırakın ve yumuşayınca ekliyoruz. mozarella peyniri.
3. Mozzarella peyniri eridiğinde servis zamanı gelmiştir. Derin bir tabağa makarna ve krema karışımını koyuyoruz, tavukları küp şeklinde

ekliyoruz ve son olarak parmesan peynirini ekliyoruz.

26. LASAGNA DE POLLO, A LA TAZA...!

İçindekiler

Dolgu için:

- 1 su bardağı pişmiş göğüs, doğranmış
- 3/4 su bardağı kırmızı sos
- 1 çay kaşığı. sarımsak ezmesi
- 50 gram rendelenmiş mozzarella peyniri
- Kekik tatmak
- 3 yaprak dalgalı lazanya
- Yemek kitabımda kırmızı sos
- Mozzarella peyniri tatmak için
- Kekik
- Zeytin yağı

adımlar

1. Göğsü pişirin, rendeleyin, mozzarella peynirini rendeleyin, peynir, tavuk, sarımsak ezmesi ve kırmızı makarna sosu karıştırın, kekikli tarif kitabımda saklayın. Makarnayı al dente pişirin. Ruloları birleştirin: bir makarna tabakası yerleştirin, tavukla doldurun ...
2. Başka bir sayfa yerleştirin, doldurun ve kapatın, sıkıca yuvarlayın.
3. Tıpkı takdir edildiği gibi. Mikrodalgaya uygun bir kap alın ve lazanya rulosunu yerleştirin. Biraz zeytinyağı ile cilalayın, rendelenmiş mozzarella peyniri, kırmızı sos, kekik ekleyin...
4. Ruloyu bardağa koyun, tadına kırmızı sos, mozzarella peyniri, kekik ve nane ekleyin ...
5. 3 dakika mikrodalga ve voila ...! Bardağı bir tabakta ters çevirin, lazanyanın düşmesini sağlamak ve keyfini çıkarmak için 2 vuruş, çok kolay, çok hızlı, mutfağımda bir zevk, böylece evde deneyebilirler.

27. KABAKLI VE DOMATESLİ LASAGNA

İçindekiler

- 16 yaprak lazanya makarna
- 3 kabak
- 4 domates
- 1 soğan
- 3 su bardağı Beşamel sos
- 2 yemek kaşığı Tereyağı
- 1 kilo mozzarella peyniri
- Parmesan'ı tatmak

adımlar

1. Lazanya yapraklarını ıslatın. Beşamel sosu hazırlayın. Kabakları küp şeklinde doğrayın ve tereyağında soteleyin.
2. Soğanı küp küp doğrayın ve soteleyin, küp küp doğranmış domatesi de ekleyin. Kabaklara ekleyin ve karıştırın.
3. Lazanya için önce beşamel sosu, ardından bir kat sebze, mozzarella peyniri koyun, bu adımı 4 kez daha tekrarlayın, beşamel ve parmesan ile bitirin. 220 derecede 20 dakika pişirin
4. Gratenleyelim ve çok sıcak servis edelim. Başka bir seçenek olarak sebzelere pastırma, ton balığı veya jambon ekleyebilirsiniz.

28. Lazanya

İçindekiler

- kanatlı göğsü
- öğütülmüş veya kıyılmış sığır eti
- olgun domatesi tatmak
- Salça
- büyük soğan
- Yeşil soğan
- Çift krem peynir
- Kekik ve defne yaprağı
- lazanya makarna
- Tuz karabiber ve Magui
- Beşamel sos

adımlar

1. Tavuk ve et, kekik ve defne yaprağı ile bir kapta pişirilir; bu arada başka bir kaba

domatesleri biraz tuz ve bir tutam bikarbonat ile az suyla haşlayın.
2. Soğanlar hem uzun hem de iri olmak üzere ince ince doğranır ve kısık ateşte kavrulur.
3. Domatesler iyice piştikten sonra sıvı hale getirilip önceden kavrulmuş soğanların üzerine bir miktar salça ile eklenir ve daha lezzetli olsun isterseniz etlerin veya tavuğun piştiği sudan biraz ekleyin, Magui'ye tat, sarımsak, tuz, karabiber ve kekik ve defne yaprağı.
4. Lazanyalık makarna ise sıcak suda yumuşak bir kıvam alana kadar pişirilir ve tavuk ve et ayrı kaplarda kıyılır.
5. Yukarıdakilerin hepsini yaptıktan sonra yahniyi et ve tavuğa damak tadına göre ekleyip lazanyayı bir araya getirmeliyiz.
6. Kabın içine bir kat lazanya için makarna konulur ve biraz beşamel sos eklenir, bir kat peynir ve bir kat et ile devam edilir, yine bir kat beşamel sos ve peynirli makarna, ardından bir kat tavuk ve böylece üzerinde. İstenilen katlar elde edilinceye kadar bir kat makarna ve iki kat beşamel soslu peynir ile son buluyor ve 25 dakika pişiriyoruz.

29. DANİFLİ PATLICANLI LASAGNA

İçindekiler

- 1-2 patlıcan büyükse. Küçüklerse yaklaşık 6
- Uygun hazırlanışı ile 1 pound kıyma
- Salça
- Kekik
- Defne
- Tereyağı
- Sarımsak
- Tuz
- Mozzarella peyniri
- Parmesan Peyniri

Dilerseniz patlıcanları biraz soyup dilimler halinde kesebilirsiniz. Bu tabakalar, önceden yumuşatılmış sarımsak ile suya daldırılır.

2. Bundan sonra süzülerek iki tarafı yağda kızartılır ve daha sonra toplanmaya hazır hale getirilir. Sudan çıkarıldıklarında acılaşmaya eğilimlidirler, bu yüzden kesildikten sonra tuz ilave edilerek suya girmeleri gerekir.

3. Kıyma, salça ile sulu olmalı ve ayrıca kekik, defne yaprağı ve tuz eklemeyi unutmadan, seçtiğiniz harmanlanmış sebzelerle damak tadına göre hazırlanmalıdır.

4. Her şey hazır olduktan sonra, kalıp yağlanır ve bir araya getirilir, önce bir kat patlıcan, ardından bir kat daha kıyma ve mozzarella peyniri vb. onlar istiyorlar.

5. Bu kalıp 160 derecede 30 dakika pişirilir, dinlenmeye bırakılır ve servise hazır hale gelir.

adımlar

1.
30. PEYNİRLİ VE SARIMSAK SOSLU KARIŞIK LASAGNA

İçindekiler

- Sarımsaklı Peynir Sosu (yukarıdaki tarif)
- 1 kilo dana kıyma
- Biber, biber, zerdeçal, sarımsak ve tuzu tatmak için
- 1 1/2 su bardağı Su
- Lazanya için 12 yaprak makarna
- 12 balık pazarı Parmesan

Bir kapta kıymayı baharatlarla birlikte pişirin, iyice pişince su ve 2 yemek kaşığı un ekleyin. Lezzet tadı. İyice piştikten sonra lazanyayı toplamaya başlayın.
2. Fırın tepsisine ilk kat sarımsak ve peynir sosunu, ardından makarnayı, peyniri ve kolida etli sosu yayın.
3. Peynirle biten malzeme miktarına göre katmanları tekrarlayın. 180 derecede 25 dakika pişirin. Zamanında kontrolden çıktım.

31. MORTADELLA VE MOZZARELLA PEYNİRİ İLE DOLMUŞ LAZAGNA RULO

adımlar

1.

İçindekiler

- 7 bıçaklı makarna, ikiye kesilmiş
- 14 yaprak veya dilim domuz mortadella (tavuk, hindi)
- 14 mozzarella peyniri çubuğu
- Yemek kitabımda makarna için kırmızı sos
- Mozzarella peyniri tatmak için
- Parmesan'ı tatmak
- Kekik ve tatlı kırmızı biberi tatmak için
- Haşhaş tohumları
- Zeytin yağı
- Kalıbı cilalamak için tereyağı

Bir tutam tuz ve 1 yemek kaşığı su ile kaynatın. bitkisel yağ, lazanya yapraklarını ekleyin ve yaklaşık 10 dakika al dente pişirin. Yapışmamaları için üst üste koymadan süzün ve ayırın. Mortadella paketlerini içinde peynirle birleştirin ve kapatın.

2. Daha sonra fotoğrafta görüldüğü gibi yufka ile rulo yapın. Seçilen kalıbı tereyağı ile cilalayın ve ruloları tadına göre yerleştirin. Kırmızı sosla cömertçe yıkayın.

3. Mozzarella peyniri dilimleri, Parmesan peyniri, kekik ve haşhaş tohumlarıyla birlikte tatlı

kırmızı biberi ekleyin. Bir damla zeytinyağı hiç acıtmaz. Fırını 10 dakika önceden 200 dereceye ısıtın. Yaklaşık 20 dakika veya peynir graten olana kadar pişirin. Fırından çıkarın ve bir spatula yardımıyla yakmadan ilk kısmı çıkarın. Uffffffff...!
4. Bunu nasıl bildiğini hayal bile edemezsin, bu yüzden beni şaşırt ve bana kalpler ver. Onları tutkuyla sevdiğimi biliyorlar... !!

32. ÖZEL LASAGNA

İçindekiler

- 1/2 kilo dana kıyma
- 1/2 kilo domuz eti
- 6 şerit pastırma

adımlar

1.
- 1 kutu lazanya makarna (önceden pişirilmiş)
- 1/2 kilo mozzarella peyniri
- 1 adet beyaz iri soğan
- 3 büyük kırmızı domates
- 1 su bardağı mantar
- 1 su bardağı domates salçası
- 50 gram Tereyağı
- 60 gram buğday unu
- 1 lt süt
- Parmesan Peyniri
- Kekik, defne yaprağı ve kekik tatmak için
- Tuz ve biber

    Soğanı ince ince doğrayın ve tereyağında kavurun, eti ekleyin ve kısık ateşte pişirin.
2. Pastırmayı parçalara ayırın ve doğranmış domatesleri ete ekleyin.
3. Kekik, defne yaprağı ve kekik ekleyin, mantarları dilimler halinde kesin ve ete ekleyin, birkaç dakika pişirin.
4. Salçayı ekleyip kaynamaya bırakın, 2 yemek kaşığı suda eritilmiş buğday ununu ekleyerek sosu koyulaştırın, unu ipe geçirip aynı anda karıştırarak eklemek topaklar oluşmaması için önemlidir. .

5. Beşamel sos hazırlayın. Tereyağını (40 gr) bir tencereye koyun, eriyene kadar unu (60 gr) bir kerede ekleyin, tereyağı ile karıştırın, sütü ekleyin ve topak, tuz ve karabiber olmayacak şekilde iyice karıştırın. Krema oluşturmaması için yağlı kağıt ile kaplayın.
6. Sosları hazırlarken lazanya makarnayı suya koymak daha idareli hale getirir. Lazanyayı bir araya getirmek için önce küçük bir sos tabakası, ardından lazanya makarnası koyun.
7. Bir kat sos, mozzarella peyniri, beşamel sos koyun. kadar adımları tekrarlayın.
kalıp doldurulur
8. 4 ila 5 kat arası makarnanız olmalı, sos ve Parmesan peyniri ile bitirin, makarna pişene kadar pişirin, üreticinin talimatlarına göre, yaklaşık 10 - 20 dakika, kullandığınız makarna türüne bağlıdır. Durum buğdayı öneririm. Gratene alıp sıcak servis yapın.

33. OLGU MUZ LAZANYA

İçindekiler

- iki olgun muz
- 500 gr dana eti ve domuz eti karışımı
- iki kırmızı domates
- 2 dal soğan
- 1/2 Kırmızı soğan
- 1/2 Beyaz soğan
- 200 gr domates salçası
- Tuz
- sıvı yağ
- mozzarella peyniri
- Parmesan'ı tatmak

adımlar

1. Muzları ince dilimler halinde kesin. Tavayı bol sıvı yağ ile ısıtıp muz dilimlerini her iki yüzünü birer dakika kızartın.
2. Soğanı ve domatesi ince ince doğrayıp tavada biraz yağ, tuz ve karabiberle kavurun, eti pembeleşinceye kadar pişirin ve ilave edin.
3. Fırına uygun bir kalıp alın ve tabanı muz dilimleri, ardından peynir ve et ile kaplayın, Kap dolana kadar diziyi tekrarlayın. Bir kat peynir ve başka bir Parmesan peyniri ile bitirin.
4. 180 ° C / 350 ° F'de 30-35 dakika pişirin.

34. ET LAZAGNA

İçindekiler

- 2 porsiyon
- 500 gr Kıyma
- 6 dilim peynir
- 4 tabak lazanya
- hardal tatmak
- domates salçası tatmak
- Sarımsak ezmesini tatmak
- tuz ve karabiber tatmak
- Maydanoz tatmak

Eti tuz ve karabiberle orta ateşte kavurun
2. Maydanoz, hardal, domates salçası ve sarımsak salçası karışımını ekleyin
3. Kaynamış su ile bir tavada lazanya eriştelerini yumuşatın.
4. Etli Lazanya tarifinin 3. adımının fotoğrafı
5. Lazanyayı katman başına makarna, et ve peynirle birleştirin
6. 180 derecede 30 dakika pişirin
7. ve eğlenmek için

adımlar

1.

35. TAVUK VE HAM LAZAGNA

İçindekiler

- 2 yemek kaşığı sıvı yağ
- 3 yemek kaşığı Tuz
- 1 büyük soğan
- 1/2 tavuk göğsü
- 1/4 kg un
- iki küçük parça tereyağı
- 1 litre süt
- 10 dilim mozzarella peyniri
- 10 jambon hattı
- Biber
- iki lazanya makarna balyası

Göğsü kaynatıp bir tutam tuz ekleyin, soğan çok az çiğ olarak kıyılır, ayrı bir kapta tereyağı yanmasın diye biraz sıvı yağ ile hazırlanır, Unun bir kısmı kabarınca, bir bardak süt ekleyin, biraz karabiber ve tuz ekleyin, tavuğu jambon gibi küçük parçalar halinde doğrayın, bir kaseye sosu, ardından tavuk, jambon ve çiğ soğan

2. Dilimlenmiş peynir, ardından her şeyi yıkayacak kadar sos, bir kat daha makarna, daha fazla tavuk, jambon, çiğ soğan ve peynir, yine sos banyosu ve son olarak bir kat daha makarna, küçük parçalar halinde tavuk, jambon, pres ve sarılmış folyo, 375 derecede pişirilir ve tatmaya hazır.

adımlar

1.

36. PATATES VE FASULYE LAZAGNA

İçindekiler

- 400 gr dilimlenmiş patates
- 6 dilim mozzarella peyniri
- 150 gr fasulye
- 100 gr Beyaz soğan
- 120 ml süt kreması ☐ 50 ml sarımsak ezmesi
- tuz ve karabiber tatmak

Patatesleri ve soğanı dilimler halinde doğrayın
2. Ağır krema, biber ve sarımsak ezmesini bir tutam tuzla karıştırın
3. Patates tabanı, kremalı soğan ve peynirle birlikte ilk katı yerleştirin.
4. İkinci katman, patates, fasulye, krema ve peynir
5. 180 derecede üzeri kapalı 30 dakika pişirin
6. 20 dakika üstü açık pişirin

adımlar

1.

37. SOBA ERİŞTELİ ASYA TOFUSU

2 porsiyon için malzemeler:
- 2 porsiyon soba noodle
- 1 küp (180 g) doğal veya füme tofu
- 1 küçük beyaz soğan
- 1 taze soğan
- 1 diş sarımsak
- 1 orta boy havuç
- 2 su bardağı küçük brokoli çiçeği
- ¼ fincan soya sosu
- 2 çay kaşığı esmer şeker

- ⅓ su bardağı su

- 3 yemek kaşığı sıvı yağ
- tuz, karabiber tatma işlemi

1. Tofu, dar çubuklar halinde kesin ve her iki tarafı altın rengi ve gevrek olana kadar bir tavada sıcak yağda kızartın - tercihen hareket ettirmeyin, sadece sabırla bekleyin ve cızırdamasını izleyin. Bitmiş tofuyu bir kaseye koyun ve sosuyla ilgilenin.
2. Tofu hazırlamak için kullandığınız aynı tavada doğranmış sarımsak ve soğanları kızartın. Soya sosu, esmer şeker ve suyu ekleyin. Kaynatın, ardından ısıyı azaltın ve fazla sıvının yavaşça buharlaşmasına izin verin. Sos biraz azaltılmalıdır.
3. Bu arada makarnayı pişirin.
4. Kızarmış tofuyu soslu tavaya koyun ve tamamı sosla kaplanacak şekilde iyice karıştırın. Kaba ağ veya mandolin üzerine rendelenmiş küçük brokoli ve havuç çiçeği ekleyin.
5. Makarnayı beslenme çantasına aktarın, tavadaki sosu ayrı bir kaba dökün ve işe giderken yanınıza alın.

38. KARIŞIK LASAGNA TAVUK VE ET

İçindekiler

- 500 gr Kıyma
- 500 gr rendelenmiş göğüs
- 1000 gr büyük soğan
- 200 gr domates
- ---- Lazanya makarna
- 1 zarf Maggie Bolognese Üssü
- 1 zarf Maggie Mantarlı Tavuk Tabanı
- Graten için doğranmış peynir
- 4 adet alüminyum lazanya kalıbı

adımlar

1. Domates ve 500 gr danayı karıştırıp kıymaya ilave edin ve pişirin.
2. Maggie Bolognese sos tabanını biraz su (yarım su bardağı) ile karıştırıp etin üzerine ilave edin, pişmeye bırakın ve koyulaştırın.
3. Geriye kalan 500 gr iri tavuğu Julienne, altın sarısı olana kadar soteleyin ve tavuğu ilave edin.
4. Tavuk taban poşetini mantarlarla karıştırıp tavuğa ekleyin, koyulaşana kadar pişirin, bu biraz su ile karıştırılır (yarım su bardağı)
5. Lazanya için makarnayı tuzlu suda yaklaşık 3 dakika pişirin, çıkarın ve makarnanın genişlemesine ve daha al dente olmasına yardımcı olacak iklime gelene kadar suda soğumaya bırakın.
6. Şimdi kalıp veya plakaya devam edin.
7. Et, peynir, makarna, tavuk, peynir, makarna, etler tekrar dizilir ve üzeri peynirle kaplanır.
8. Peynir kızarana kadar fırına alınır, ızgara fırınınız yoksa mikrodalgada da yapabilirsiniz.

39. TAVUK LAZANYA KIRMIZI SOS (RAGÚ)

İçindekiler

- 500 gram önceden pişirilmiş lazanya makarna
- 3 tavuk göğsü
- 500 gram mozzarella peyniri küp küp doğranmış
- 100 gram rendelenmiş Parmesan peyniri
- ---- Sosu için
- 1 kilo havuç
- 1/2 lb beyaz büyük başlı soğan
- 1 domates salçası olabilir
- 1 yemek kaşığı şeker
- 2 yemek kaşığı buğday unu
- Kekik, defne yaprağı, kekik, sarımsak, hardal, tuz ve karabiber

adımlar

1.

Göğsü küpler halinde kesin, sarımsak, hardal, tuz ve karabiberle marine edin. Yarım küçük soğanı kesin, biraz kızartın ve tavuğu ekleyin, iyice pişene kadar ateşte bırakın.

2. Havucu soyup iri parçalar halinde doğrayın, büyük soğanı doğrayın ve su, defne yaprağı, kekik, kekik ve su ile karıştırın. Kısık ateşe koyun, soğumaya bırakın, tuz ve karabiberi ekleyin, tatları düzeltin ve suda eritilmiş unu ekleyerek sosu biraz koyulaştırın, topak kalmayacak şekilde iyice karıştırın.

3. Lazanyayı birleştirmek için önce kırmızı sosu, ateşe dayanıklı veya alüminyum bir kalıba kabın dibini kaplayacak şekilde ekleyin.

4. Bir kat makarna koyun (önceden pişirilmiş olsa bile genellikle ıslatırım, işlemesini kolaylaştırır)

5. Şimdi başka bir sos tabakası ve tavuk ve mozzarella peyniri

6. Kalıp tamamlanana kadar işlemi tekrarlayın. İyi bir lazanyada 5 kat sos olmalı, sos ve Parmesan peyniri ile bitmeli, 220 C'de 15-20 dakika pişirilmelidir.

sıcak servis yapın

40. ET LAZAGNA

İçindekiler

- lazanya için 300 makarna
- 300 gram domates salçası
- 400 gram doğranmış çift krem peynir
- 300 gram rendelenmiş mozzarella peyniri
- 2 kilo dana kıyma
- 1 büyük büyük soğan
- Kekik
- Defne
- Tuz
- Biber

adımlar

1.

Salçayı, soğanı, 3 dal kekiği sapsız olarak blenderdan geçirin, tadına göre tuz ve karabiberi atın, işleyin.
2. Sosu karışım, et ve biraz defne yaprağı ile bir kapta hazırlayın, 10 dakika karıştırarak pişirin ve defne yapraklarını çıkarın.
3. Makarna yapraklarını 5 dakika veya iyice ıslanana kadar tek tek sıcak suya koyun.
4. Lazanya kalıplarına bir tabak makarna, bir kat et ve bir tabak doğranmış dublekremalı üç eşit tabaka üst üste gelecek şekilde yerleştirin, bir tabak makarna ile bitirin ve rendelenmiş mozzarella peyniri ile kaplayın.
5. 180 derecede 20 dakika pişirin.

41. BEŞAMEL SOSLU TAVUK LASAGNA

İçindekiler
- 1 tavuk göğsü
- 1/2 Beyaz soğan
- 3 diş Sarımsak
- 2 yemek kaşığı Tereyağı
- Lazanya için 1 kutu makarna
- 1 bardak tam yağlı süt
- 2 yemek kaşığı buğday unu
- Göğsün pişirildiği 1 su bardağı taban suyu
- 1/2 çay kaşığı hindistan cevizi
- 1 çay kaşığı fesleğen
- 1 çay kaşığı kekik
- tuz ve karabiber tatmak
- 1 dal Biberiye
- 450 gram mozzarella peyniri
- 1 yaprak defne

adımlar

1. Göğsü şu şekilde suda pişirin: iki dal kereviz, 1/2 havuç, 1/2 beyaz soğan, iki diş sarımsak, suyu ayırın.
2. Beşamel sos şu şekilde yapılır: Bir kap veya blender içerisine süt, buğday unu, hindistan cevizi, karabiber ve tuzu ekleyin.
3. Tereyağını bir tavada eritin.
4. İnce doğranmış soğan ve sarımsağı ekleyin.
5. Beşamel sos için karışımı ekleyin.
6. Defne yaprağı, kekik ve fesleğeni ekleyin, koyulaşmaya başlayınca iki dakika pişirin.
7. Tavuğu ekleyin ve lezzetleri karıştırmak için karıştırın.
8. 1/2 su bardağı et suyunu ekleyin.
9. Ateşe dayanıklı bir yere, ilk kat makarnayı yerleştirin.
10. Et suyunun diğer yarısını ve tavuğun ilk katını ekleyin.
11. Başka bir makarna yatağı.
12. Rendelenmiş mozzarella peyniri.
13. Daha fazla makarna ve daha fazla tavuk vb. üç kat inşa edene kadar.
14. Üst kat peynirle kaplanır.
15. 220 santigrat derecede 20 dakika pişirilir.
16. Sonra 5 dakika graten. servis

42. TAVUK LAZAGNA

İçindekiler

- 100 gr un
- 1 tavuk göğsü
- Parmesan Peyniri
- 1 litre süt
- 1 bar Tereyağı
- Tuz
- lazanya makarna
- refrakter cam

adımlar

1. Göğsü tuz ve sarımsakla tatmak için pişirin.
2. Makarnayı kaynar suda birkaç dakika geçirin ve çıkarın.

3. Sütü, unu, tereyağını, bir tutam tuzu mikserde karıştırın ve isterseniz biraz kremalı süt (tüm malzemeler karışana kadar karıştırın) koyulaşana kadar ısıtın.
4. Ateşe dayanıklı yerde bir kat makarna, sonra bir kat rendelenmiş tavuk, bir kat peynir ve önceki karışım, yine bir kat makarna ve bu şekilde iki veya üç kat yüksek olana kadar devam edin.
5. Fırını yaklaşık 5 dakika ısıtın ve ardından fırın kabını 45 dakika 140 dereceye getirin.
6. Son olarak lazanyayı fırından çıkarın ve afiyetle yiyin.

43. Rokalı Bezelye Makarnası

içindekiler

- tuz
- Yeşil bezelyeden 250 gr penne
- 90 gr roka
- 5 yemek kaşığı çekirdeksiz siyah zeytin
- 125 gr mozzarella
- 2 yemek kaşığı zeytinyağı
- 1 yemek kaşığı balzamik sirke
- 1 çay kaşığı Aglio-e-olio baharat karışımı
- biber
- sıcak kırmızı biber tozu
- 2 yemek kaşığı çekirdek karışımı

Hazırlık adımları

1. 2 litre suyu kaynatın, tuzlayın ve içinde bezelyeleri 6 dakika pişirin. Ardından süzün, süzün ve soğumaya bırakın.
2. Bu arada rokayı temizleyin, yıkayın ve sallayarak kurutun. Zeytinleri dilimleyin. Mozzarellayı süzün ve küpler halinde kesin.
3. Sosu zeytinyağı, sirke, tuz, Aglio-e-olio, biber ve kırmızı biber tozu ile karıştırın. İsterseniz biraz su ekleyin.

4. Penne ile rokayı karıştırın, üzerine zeytin, mozzarella ve çekirdek karışımı serpin ve sosu gezdirin.

44. FIRINSIZ LAZAGNA

İçindekiler

- yaprak Lazanya Makarna (8)
- tavuk göğsü
- dana kıyma
- iki domates
- Domates salçası veya domates sosu
- iki büyük soğan
- Kıyılmış sarımsak
- Renk

- doğranmış peynir
- Rendelenmiş peynir
- Tuz

adımlar

1. Göğsü pişirin ve ardından parçalayın ve ardından domates ve doğranmış soğan ile kızartın, tadı ve bir renk dokunuşu için sarımsak ve tuz ekleyin.
2. Kıyma için de aynısını yapın, domates, soğan, sarımsak ve tuz ile pişirin ve kızartın (biraz galeta unu ekledim ya da tost kullanabilirsiniz) daha sonra önceden pişirdiğimiz göğüs eti ile karıştırın.
3. Kısık ateşte bir tavada karıştırdığınız et ve tavuğa salça veya sosu ekleyin ve yaklaşık 5 dakika bekletin.
4. Lazanya makarnayı pişirmek için bir tencereye su koyup kaynayınca yapraklarını ilave edip yumuşamasını sağlayın ve yapışmaması için yatay ve dikey olarak yerleştirin. Makarnayı çıkarın ve yapışmaması için alüminyumun içine ayrı ayrı koyun.

5. Bir tavada lazanyayı katman katman, protein, doğranmış peynir ve makarnayı hazırlamaya başlayın. En son rendelenmiş peyniri ekleyin, eriyene kadar 5 dakika örtün, o kadar.

45. FIRINSIZ ET LAZAGNA

İçindekiler

- 1 yeşil biber
- 1 kırmızı biber
- 1 havuç
- 2 diş sarımsak
- iki büyük soğan
- 1 1/2 kutu domates püresi
- 1 paket lazanya hamuru
- 500 ml Beşamel sos

- 400 gr dana kıyma
- 400 gr domuz eti
- 400 gr krem peynir
- 100 gr Parmesan peyniri

adımlar

1. sebzeleri doğrayın
2. Bir tencereye biraz sıvı yağ ve tereyağını koyup kızdırın
3. Ardından soğanı, biberi ve sarımsağı ekleyin
4. Piştiğinde (şeffaf soğan) havuç ve domates püresini ekleyin.
5. Kıymayı küçük parçalara ayırarak ekleyin
6. Tat vermek için baharatları ekleyin, kullandım: defne yaprağı, tuz, sebze suyu, kekik, kırmızı biber ve karabiber
7. Her şeyi karıştırın ve malzemelerin iyice bütünleşmesi için yaklaşık 1 saat pişirin. Ara sıra karıştır
8. Bu adım sadece lazanyayı fırınsız yapmak istiyorsanız veya fırını sadece kızartmak için kullanıyorsanız: Tuz ve yağ ile bir tencerede suyu kaynatın ve makarnayı ikişer ikişer ekleyin.

9. Lazanyayı bir araya getirin!
10. Biraz sostan koyun, sonra refrakter veya tavayı kaplayan makarnalara bolca sos, krem peynir koyun ve tekrarlayın
11. Son kat makarnayı koyun, beyaz sos, krem peynir ve parmesan peynirini ekleyin.
12. Fırınınız varsa, peynirin eriyip kızarması için birkaç dakika fırına koyabilirsiniz.

46. MUZLU KEK

İçindekiler

- 3 olgun muz
- 4 Veleños sandviçi
- 7 dilim krem peynir
- 7 küçük lazanya kalıbı

adımlar

1. 3 adet olgun muz seçin, soyun ve yeterince su ile pişirin.
2. Muzu yumuşayana kadar pişirin. Muzları püre haline getirin, kalıpları tereyağı ile yağlayın.
3. Kalıba ince bir tabaka ekleyin ve sandviç şeritlerini kesin.
4. Bir kat daha muz püresi ekleyin ve bir dilim peynir ekleyin. Peynir altın rengi olana kadar pişirilir, servis edilir ve öğle yemeğine eşlik edilir.

47. SALATALI ET KREPE

İçindekiler

- 3 dal kereviz
- 5 çilek
- 1 süt kreması
- 1 az yağlı yoğurt
- 1 doğranmış yeşil elma
- İsteğe bağlı: yer fıstığı veya susam)
- lazanya makarna
- 250 gram Dana kıyma
- Karışık Sebzeler (Alberga, havuç, fasulye) pişmiş
- Salça
- Köylü veya az yağlı peynir

adımlar

1. Eti tuz ve karabiberle tatmak için bir kap suda pişirin.
2. Et hazır olduğunda karışık sebze ve salça ile karıştırın.
3. Lazanya makarnayı 10 dakika pişirin.
4. Krepleri 3 kat lazanya ve 2 adet et (isteğe bağlı olarak jambon veya peynir araları ilave edin) ile birleştirin ve aralarına süt kreması ve rendelenmiş kaşar peynirini ekleyip tamamen süt kreması ile kaplayın. Makarnanın istenilen

kıvamı elde edilene kadar pişirin. Önerilen 20 dk.

5. Kerevizi, elmayı, çileği küp küp doğrayın, yer fıstığını ezin ve hepsini yoğurt ve süt kremasının yarısı ile karıştırın.

48. ET LAZAGNA

İçindekiler

- 1 paket lazanya veya wonton erişte
- 250 gr rendelenmiş mozarrona peyniri
- Beşamel sos
- 1/2 litre süt
- 1/4 su bardağı un
- 1 tatlı kaşığı biber
- 1/2 çay kaşığı hindistan cevizi (isteğe bağlı)

Tuz tatmak

- Et sosu
- 1/2 Kg özel dana kıyma
- 1 tatlı kaşığı biber
- 1/2 çay kaşığı kimyon
- 1 tatlı kaşığı ajinomoto
- 1/2 su bardağı soğan
- 1/4 su bardağı sıvı yağ
- 1 zarf Pomarola

adımlar

1. Et sosunu hazırlamak için sıvı yağ ve soğanı ilave edip kavurun. Ardından eti, biberi, kimyonu koyun ve etler pişene kadar pişirin. Sonunda Pomarola sosunu ve ají-nomoto'yu ekleyin. Ateşten alın ve rezerve edin.
2. Beyaz sosu hazırlamak için sütü kaynatın ve unu yavaş yavaş ilave ederek karışımı karıştırın. Karışımı koyulaşana kadar karıştırırken tuz, karabiber ve hindistan cevizi ekleyin. Ateşten alın ve rezerve edin.
3. Erişte veya wonton hamurunu 30 saniye sıcak suda bekletin, çıkarın ve ayrı bir yüzey veya mutfak bezi üzerine üst üste gelecek şekilde yerleştirin.

4. Lazanyanın montajı: Önce bir kat et, ardından bir kat beyaz sos ve üçüncü olarak rendelenmiş peynir tabakası koyun. Bu sırayla 2 kez daha tekrarlayın. Sonunda, ek bir rendelenmiş peynir tabakası ekleyin.
5. Önceden ısıtılmış 180°C fırında yaklaşık 40 dakika pişirin.

49. ETLİ RAHAT LAZANYA

İçindekiler

- Kıyma kaç porsiyon olacağına bağlı, hesaplayın
- hardal
- Salça
- tuz ve biber
- achiote
- kimyon

- iki sarımsak tohumu veya sarımsak ezmesi
- yumuşak sos
- Tereyağı
- 1 su bardağı süt
- 2 yemek kaşığı mısır nişastası

adımlar

1. Olgun olanları kabuğundan çıkarın, ikiye bölün ve yumuşak ve sararıncaya kadar kaynatın.
2. Kaynayan suyun içinden suyu alıp püre haline getiriyoruz, bir tutam tuz ve 1 yemek kaşığı tereyağı ekleyip herşey birbirine karışınca (püre veya olgun olan sıcakken ezin)
3. Bir tavaya hardal, sarımsak, achiote, kimyon, tuz mevsimi olan etleri damak zevkinize göre koyuyoruz, etler kızarınca 3 yemek kaşığı salçayı koyuyoruz ve ocağı kapatıyoruz.
4. Küçük bir alüminyum kalıp kullanıyorum ama bu, kalıbın birkaç boyutunu oluşturacak miktara bağlı, bir kat olgun, bir tane et ve diğerini de olgunlaştırdım.
5. Beyaz sos için bir tencereye ısıtıp 2 yemek kaşığı tereyağı koyuyoruz ve bir su bardağı süt ve 2 yemek kaşığı mısır nişastasını mısır

nişastası sütle iyice karışınca karıştırıyoruz, tereyağı ile tencereye alıp sürekli karıştırıyoruz. Kıvamı hazır olacak, tadına göre tuz ve karabiber ekliyoruz, beyaz sosu olgun ve isteğe göre rendelenmiş mozzarella peynirine ekleyip 10 dakika fırına veriyoruz.

50. TAVUKLU, ISPANAKLI VE PEYNİRLİ LAZAGNA

İçindekiler

- 12 tabak önceden pişirilmiş lazanya
- 300 gram yıkanmış ıspanak
- 1 soğan
- iki haşlanmış ve doğranmış tavuk göğsü
- 8 yemek kaşığı ev yapımı domates sosu
- 500 ml Beşamel sos
- 200 gram dilimlenmiş mozzarella peyniri
- Zeytin yağı
- Tuz

adımlar

1. Fırını 220 dereceye ısıtın.
2. Soğanı doğrayın ve şeffaf görünene kadar kızartın.
3. Ispanağı ekleyin ve saldıkları tüm su buharlaşana kadar pişirin.
4. Tavuğu ıspanak ve soğana ekleyin.
5. Beşamel ekleyin ve karıştırın.
6. Talimatları izleyerek makarnayı hazırlayın ve hazır olduklarında lazanyayı birleştirmeye başlayın. (Markaya bağlıdır; farklı talimatlara sahip olacaktır).
7. Bir fırın tepsisine biraz beşamel koyun, ardından lazanya tabaklarını, ardından iç harcı ve peyniri yerleştirin. Tekrar edin ve bir kat makarna ile bitirin.
8. Makarnanın son katına domates sosunu yayın. Daha fazla peynir serpin.
9. Lazanyayı altın kahverengi ve peynir eriyene kadar pişirin (yaklaşık 40 dakika yaptım).
10. Lazanyayı fırından çıkardığınızda, servis edildiğinde dağılmaması için servis yapmadan önce birkaç dakika ısınmasını bekleyin. Afiyet olsun.

51. BİBERİYE DOMATES SOSLU MAKARNA

içindekiler

- 400 gr makarna
- 2 arpacık
- 2 diş sarımsak
- 2 dal biberiye (taze)
- Monini CLASSICO zeytinyağı
- 400 ml Polpo (parçalı domates sosu)
- tuz
- Biber (değirmenden)

hazırlık

1. Makarnayı paketin üzerindeki talimatlara göre al dente olana kadar pişirin ve süzün.
2. Bu arada arpacık soğanı ve sarımsağı soyup ince ince doğrayın. Biberiyeyi dalından koparın.
3. Monini CLASSICO zeytinyağını bir tavada ısıtın ve içindeki arpacık soğanı ve sarımsağı kavurun. Biberiye ekleyin. Üzerine polpa dökün ve kısa bir süre kaynamaya bırakın. Son olarak tuz ve karabiberle tatlandırın.
4. Makarnayı sosa ekleyip servis yapın.

52. VEJETARYAN MAKARNA BOLONEZ

içindekiler
- 60 gr makarna
- ½ soğan
- 100 gr soya kıyması
- 1 yemek kaşığı keten tohumu (ezilmiş)
- 50 gr püre domates
- 20 gr kurutulmuş domates
- 1 yemek kaşığı çam fıstığı
- 2 yemek kaşığı parmesan
- 1 yemek kaşığı hindistan cevizi yağı

hazırlık

1. Makarnayı paketin üzerindeki talimatlara göre pişirin.
2. Hindistan cevizi yağını bir tavada ısıtın.
3. Soğanları doğrayın ve soya kıyması ve çam fıstığı ile tavada kızartın.
4. Keten tohumu, kurutulmuş ve püre haline getirilmiş domatesleri ekleyin ve sosu karıştırın.
5. Makarna ve sosu karıştırın ve parmesan peyniri ile doldurun.

53. PORTAKAL MAKARNA - SOMON SOSLU

içindekiler
- 1/2 parça soğan (yaklaşık 30 g)
- 1/2 diş sarımsak
- 25 ml tatlı krema
- 5 yemek kaşığı portakal suyu (%100 meyve)
- 100 gr pollack fileto
- 1 tutam iyot tuzu
- 1 tutam kara biber
- 100 gr penne (makarna)
- 50 ml süt (az yağlı %1,5 yağlı)

hazırlık

1.

Penneyi talimatlara göre hazırlayın.

2. Sos: Soğanı ve sarımsağı küp şeklinde doğrayın, az yağda arka arkaya soteleyin.
3. Krema, süt ve meyve suyu ile deglaze edin.
4. İstenilen kıvama gelene kadar pişirin veya bir sos koyulaştırıcı ile kalınlaştırın.
5. Tatmak için mevsim.
6. Somonu ince şeritler halinde kesin ve servis yapmadan hemen önce sosa ekleyin.

54. PANCAR PESTO SOSLU PENNE SALATA

İçindekiler
- 400 gr penne makarna
- 1 portakal
- 1 marul
- 1 avokado
- ½ limon
- ½ kırmızı soğan

Pancar pesto sosu için:
- 200 gr pişmiş pancar
- 50 gr Parmesan peyniri
- 50 ml Borges Naturel Sızma Zeytinyağı
- Biraz süt
- Tuz

Hazırlık

1.
   Pestoyu yapmak için tüm malzemeleri birlikte çırpın. Portakalı soyun ve parçalara ayırın. Salatayı yıkayın, kurutun ve kesin. Avokadoyu soyup küp küp doğrayın ve kararmaması için yarım limon sıkın. Soğanı soyun ve kesin. Marulu bir kaseye koyun, pancar pesto sosunu ekleyin ve biraz daha Borges Naturel Sızma Zeytinyağı ekleyin. Malzemelerin geri kalanıyla bitirin ve birkaç parça portakalla süsleyin.

55. KIRMIZI ISPANAKLI ISPANAK LAZAGNA

İçindekiler

- 600 G Kremalı ıspanak, dondurulmuş
- 12 Adet Lazanya tabağı, ön pişirmesiz
- 120 G Gorgonzola
- 1 Adet diş sarımsak
- 1 TL Tereyağı, kalıbı için
- 0,5 Bch Ekşi krema veya taze krema
- 150 ml çırpılmış krema
- 100 G Peynir, rendelenmiş, örneğin Gouda, Cheddar

Hazırlık

1. Önce sarımsakları soyun ve ince ince doğrayın. Dondurulmuş kremalı ıspanağı mikrodalgada (400 watt'ta) yaklaşık 15 dakika eritin ve sarımsağı çözülmüş ıspanakla karıştırın.
2. Bu sırada bir fırın tepsisini tereyağ ile yağlayın ve fırını 200 °C üst/alt ısıda ısıtın.
3. Ardından peyniri kabaca doğrayın. Fırın tepsisine lazanya yapraklarının 1/3'ünü yerleştirin ve kremalı ıspanağın yarısını üstüne yayın. Gorgonzola'nın yarısını ıspanağın üzerine dağıtın, ardından bir sonraki lazanya yapraklarını üstüne yerleştirin.
4. Şimdi ıspanak ve Gorgonzola'yı tekrar katlayın, son olarak kalan lazanya yapraklarını ekleyin.
5. Son olarak ekşi kremayı makarna tabaklarına yayın. Rendelenmiş peyniri krema ile karıştırın ve ekşi krema tabakasının üzerine yayın.
6. Kremalı ıspanaklı lazanya orta rayda önceden ısıtılmış fırında yaklaşık 30-35 dakika altın rengi alana kadar pişirilir.
7. Bitmiş lazanyayı fırından çıkarın ve servis yapmadan önce 5 dakika daha dinlenmeye bırakın.

56. VEGAN ISPANAK LAZAGNA

İçindekiler

- 250 gr lazanya yaprağı
- 250 G Ispanak, dondurulmuş

Vegan beşamel için malzemeler

- 250 ml su
- 750 ml soya sütü
- 1 ödül Hindistan cevizi, öğütülmüş
- 1 TL tuz
- 1 ödül taze çekilmiş biber
- 200 G Margarin, vegan
- 200 gr Un

Hazırlık

1. Fırını 180°C fanlı fırına önceden ısıtın.
2. Ardından, ıspanağı bir kevgir içine koyun ve çözülmesine izin verin.
3. Beşamel sos için margarini bir tencerede eritin, unu azar azar ilave edin, iyice karıştırın ve soya sütü ve suyu yavaş yavaş ilave edin.
4. Şimdi sosu kısık ateşte yaklaşık 30 dakika kaynatın ve tuz ve karabiberle tatlandırın.
5. Daha sonra çözülmüş ıspanağı sosla karıştırın ve bir lazanya tabağına lazanya tabaklarını dönüşümlü olarak yerleştirin. Beşamel sos ile bitirin ve vegan ıspanaklı lazanyayı önceden ısıtılmış fırında yaklaşık 30 dakika pişirin.

57. BEŞAMELSİZ LAZANYA

İçindekiler
- 250 gr lazanya yaprağı, ön pişirmesiz
- 200 gr Parmesan, rendelenmiş

Kıyılmış et sosu için malzemeler
- 2 Adet Arpacık, küçük
- 2 Adet Küçük diş sarımsak ⬜ 500 G Kıyma, karışık
- 2 yemek kaşığı Arıtılmış tereyağı
- 1,5 TL tuz
- 2 yemek kaşığı domates salçası
- 700 G Domates, oldu
- 150 G Creme Fraiche Peyniri

Hazırlık

- 1 yemek kaşığı şeker

- 2 TL Kekik, ince doğranmış / kurutulmuş
- 1 yemek kaşığı zeytinyağı
- Öğütücüden 3 ödül Biber

Hazırlık
1. Önce arpacık soğanı ve sarımsak karanfilini soyun ve küçük parçalar halinde doğrayın. Fırını yakl. 180 derece (üstten ve alttan ısıtma).
2. Daha sonra tereyağını bir tavada ısıtın, kıymayı ufalanana kadar kızartın ve en iyisi bir spatula ile doğrayın. Etler kahverengileşince arpacık soğanı ve sarımsağı ekleyip kısa süre kavurmaya devam edin.
3. Ardından salça ve zeytinyağını ekleyip soteleyin. Daha sonra domateslerle süsleyin, kremayı karıştırın, kaynatın, sosu ocaktan alın ve tuz, karabiber, şeker ve kekik (isterseniz) ile iyice baharatlayın.
4. Şimdi uygun bir güveç kabına biraz sos koyun, üzerine lazanya tabaklarından bir kat koyun, ardından tekrar kıyma sosu yayın, ardından tekrar lazanya tabaklarına ve malzemeler bitene kadar işlemi tekrarlayın - sos son katı oluşturmalıdır. .

5. Son olarak, parmesanı üstüne yayın ve lazanyayı beşamelsiz önceden ısıtılmış fırında alt üçte birlik rafta altın rengi kahverengi olana kadar yaklaşık 40 dakika pişirin.

58. SOMON BROKOLİ LAZAGNA

İçindekiler

- 900 gr brokoli
- 1 Adet Soğan, doğranmış
- 40 gr tereyağı
- 50 gr Un
- 140 ml krema
- 120 ml süt
- 80 G Gouda, rendelenmiş
- 3 yemek kaşığı dereotu, doğranmış
- 12 Adet Lazanya yaprağı (pişirilmeden)
- 300 G Dilimlenmiş somon füme
- 1 ödül Hindistan cevizi, öğütülmüş
- 1 ödül tuz ve karabiber

Hazırlık

1. Önce brokoliyi temizleyin, küçük çiçeklere ayırın, yıkayın ve 0,5 litre kaynar tuzlu suda al dente olana kadar yaklaşık 4 dakika pişirin. Daha sonra brokoliyi bir elekten süzün ve pişirme suyunu toplayın.

2. Tereyağını bir tavada eritin, soğan parçalarını yarı saydam olana kadar soteleyin, unu toz haline getirin ve kısaca soteleyin. Kremayı, sütü ve brokoli suyunu azar azar ekleyerek karıştırarak kısık ateşte yaklaşık 10 dakika pişirin. Daha sonra sosu hindistan cevizi, tuz ve karabiberle tatlandırın ve dereotu ve peynirle karıştırın.

3. Dikdörtgen bir fırın tepsisine biraz sos sürün, ardından 4 yaprak lazanyayı üstüne yayın ve füme somonun yarısını ve brokoli çiçeklerinin yarısını üstüne koyun. Sosun 1/3'ünü kaplayın. Ardından 4 yaprak lazanya, somon ve brokoli koyun. Üzerine sosun üçte birini daha yayın. Kalan lazanya yapraklarını örtün, kalan brokolileri üstüne koyun ve sosla doldurun.

4. Somon ve brokoli lazanyayı önceden ısıtılmış fırında (üst/alt ısı: 200°C, fan 175°C) yaklaşık 40 dakika pişirin.

59. SOMON LAZAGNA

İçindekiler

- 200 G Lazanya yaprağı, yeşil
- 1 TL tuz
- 400 G Somon fileto
- 5 TL Limon suyu
- 1 Adet Soğan, ince doğranmış
- 2 Adet Diş sarımsak, doğranmış
- 60 gr tereyağı
- 3 yemek kaşığı zeytinyağı
- 120 ml Beyaz şarap, kuru
- 200ml krema
- 1 ödül biber
- 1 yemek kaşığı limon kabuğu rendesi, rendelenmiş

Hazırlık

1.
- 120 G Gorgonzola
- 100 gr Parmesan, rendelenmiş

   Somon lazanya için lazanya yapraklarını paketin üzerindeki talimatlara göre pişirin, süzün ve süzün.

2. Daha sonra somon filetolarını yıkayın, mutfak kağıdı ile kurulayın, üzerine limon suyu ve tuz serpin ve ardından küpler halinde kesin.

3. Şimdi zeytinyağını bir tavada ısıtın, ince doğranmış soğan ve sarımsağı soteleyin, balık parçalarını ekleyin ve kısaca kızartın. Beyaz şarap ve kremayı karıştırın ve biraz azaltın. Parmesanı karıştırın ve rendelenmiş limon kabuğu rendesi, tuz ve karabiber ile tatlandırın.

4. Bir fırın kabını zeytinyağı ile fırçalayın ve somon karışımı katmanları ve makarna tabaklarını dökün, üstüne bir kat makarna koyun.

5. Ardından Gorgonzola'yı bir çatalla ezin ve lazanyanın üzerine tereyağı parçalarıyla birlikte yayın.

6. Önceden ısıtılmış (220°) fırında 20-25 dakika pişirin.

60. SEBZE LAZAGNA

İçindekiler

- 1 paket krema
- 100 gr Mantar
- 2 Adet Soğan, küçük
- Şekil için 2 yemek kaşığı zeytinyağı
- 1 domates olabilir
- 1 Adet kabak
- 1 ödül kekik
- 1 ödül tuzu
- 1 adet lazanya yaprağı
- 100 G Peynir, rendelenmiş
- 1 TL Sebze suyu

Hazırlık

1. Sebzeli lazanya için önce fırını 180 derecede (alttan alttan ısıtma) ısıtın ve bir güveç kabını biraz sıvı yağ ile yağlayın.
2. Bu sırada mantarları temizleyin veya fırçalayın (yıkamayın) ve dilimler halinde kesin. Soğanları soyun ve ince doğrayın. Kabakları yıkayıp ince ince rendeleyin.
3. Daha sonra yağı bir tavada ısıtın ve içindeki soğan parçalarını yarı saydam olana kadar buharda pişirin. Ardından mantar dilimlerini ekleyin ve kısaca kızartın.
4. Şimdi domatesleri ve kabakları ekleyin ve üzerine sebze suyunu dökün. Tuz ve kekik ile tatlandırın ve yaklaşık 5 dakika pişirin.
5. Son olarak kremayı karıştırın ve tekrar tuz ve kekik ile baharatlayın.
6. Şimdi fırın tepsisine bir kat lazanya yaprağı koyun, ardından üzerine biraz sebze sosu ve bir kat daha lazanya yaprağı dökün. Malzemeler bitene kadar işlemi tekrarlayın.
7. Son olarak sebzeli lazanyayı rendelenmiş peynirle serpin ve önceden ısıtılmış fırında yaklaşık 40 dakika pişirin.

61. AKDENİZ MAKARNA SALATASI

içindekiler
- 160 gr spiral erişte (çiğ)
- 160 gr domates
- 200 gr salatalık
- 100 ml yağsız yoğurt (süzülmüş)
- Balzamik sirke
- 1 yemek kaşığı zeytinyağı
- tuz
- biber
- Fesleğen (taze veya kurutulmuş)

hazırlık
1. İlk önce spiral erişteleri al dente olana kadar tuzlu suda pişirin.
2. Domates ve salatalığı yıkayıp lokma büyüklüğünde doğrayın.
3. Tüm malzemeleri karıştırın, sirke ve yağ ile marine edin ve yoğurda karıştırın.
4. Makarna salatasını tuz, karabiber ve fesleğenle baharatlayın, düzenleyin ve servis yapın.

62. KAVRULMUŞ SEBZELİ MAKARNA SALATASI

içindekiler

- 225 gr düdük
- tuz
- 2 kabak (400 gr)
- 1 dolmalık biber (kırmızı, 100 gr)
- 1 dolmalık biber (sarı, 100 gr)
- 1 soğan (kırmızı, 74 gr)
- 2 yemek kaşığı zeytinyağı
- 2 yemek kaşığı KUNER Orijinal Mayonez (%80 yağ)
- 2 yemek kaşığı balzamik sirke

- 50 gr zeytin (çekirdeksiz, dörde bölünmüş)
- 2 yemek kaşığı fesleğen (doğranmış)

hazırlanışı

1. Közlenmiş sebzeli makarna salatası için önce makarnayı tuzlu suda diri diri çekinceye kadar pişirin ve süzün.
2. Fırını 200 °C'ye önceden ısıtın.
3. Kabak, dolmalık biber ve soğanı küp şeklinde doğrayın, yağlı kağıt serilmiş fırın tepsisine dizin ve üzerine 1 yemek kaşığı zeytinyağı serpin. 25 dakika veya sebzeler pişene kadar bir kez çevirerek kızartın.
4. Sirke, yağ ve mayonezi karıştırın.
5. Kavrulmuş sebzeleri sos ve kalan malzemelerle geniş bir kapta karıştırın.
6. Makarnayı katlayın ve hemen kavrulmuş sebzelerle makarna salatası servis edin.

63. TONLU ERİŞTE

içindekiler

- 1 kutu ton balığı (doğal)
- 7 kapari
- 1/2 su bardağı domates (yağda kurutulmuş, alternatif olarak taze domates)
- 7 zeytin
- 1/2 soğan
- Biber yağı
- sarmısak yağı
- 250 gr spagetti

hazırlık
1. Soğanı küçük küpler halinde kesin. Kurutulmuş domatesleri küp küp doğrayın ve ton balığını süzün.
2. Spagettiyi paketin üzerindeki talimatlara göre pişirin.
3. Tavaya sıvı yağı ve pul biberi koyup soğanı soteleyin. Domates, kapari, zeytin ve ton balığı ekleyin. Kısaca kaynamaya bırakın, biraz makarna suyu ekleyin ve limon suyunu ekleyin.
4. Pişen makarnayı sosla birlikte sıralayıp servis yapın.

64. HIZLI SEBZE LAZANYA

İçindekiler

- 12. Adet Lazanya yaprağı, gerektiği kadar
- 60 G Peynir, rendelenmiş

Sebzeler için Malzemeler

- 750G Tereyağlı sebzeler, dondurulmuş
- 40 gr tereyağı
- 4.yemek kaşığı Un, beyaz
- 1 l süt
- 60 G Peynir, rendelenmiş
- 1 TL tuz
- 0,25 TL hindistan cevizi

Domates sosu için malzemeler

- 500 G Domates, oldu
- 130 G Creme fraiche Peynir

Hazırlık

1. Bunun için sebzelerin zamanında çözülmesine izin verin.
2. Sebzeler için tereyağını bir tencerede eritin, ardından unu serpin, hafif bir renk almasına izin verin ve kuvvetlice karıştırarak sütü porsiyonlar halinde dökün.
3. Sonra sosu kaynatın, tuz ve hindistan cevizi ile baharatlayın, ardından tereyağı sebzeleri ve peyniri ekleyin, peyniri eritin ve her şeyi iyice karıştırın.
4. En üst kat için kremayı yaklaşık 4 yemek kaşığı domates püresi ile karıştırın ve hazırlayın.
5. Fırını 200 ° C'ye önceden ısıtın (üst ve alt ısı ile).
6. Daha sonra uygun bir fırın tepsisine biraz sebze sosu koyun. Üzerine lazanya erişteli kalıbı yerleştirin, üzerine 1 kat domates

püresi gezdirin, üzerini tekrar sebze dolgusu ile kapatın. Sonra tekrar lazanya eriştesi ile başlayın. (Tavanın boyutuna bağlı olarak en az 3 kat makarna koyun).

7. Son kat, kremalı domates sosuyla kaplanmış ve peynir serpilmiş 1 kat makarna olmalıdır. Ardından hızlı sebze lazanyasını alt üçte birlik fırında yaklaşık 30 dakika pişirin.

65. DOMATES SOS

içindekiler
- 125 gr domates (kabuğu soyulmuş)
- 125 ml makarna
- 1 soğan (küçük)
- 1 çubuk (lar) pırasa (küçük)
- Şeker
- tuz
- biber
- 1 diş sarımsak
- 1 çay kaşığı fıstık yağı
- fesleğen (taze)

hazırlık
1. Sarımsak ve soğanı ince doğrayın, pırasayı dilimler halinde kesin, sonra yarı saydam olana kadar yağda terleyin.
2. Domates, passata ve şekeri ekleyin. 10 dakika yavaş yavaş kaynatın.
3. Tuz ve karabiberle tatlandırın, her şeyi püre haline getirin ve fesleğen ile servis yapın.

66. BRÜKSEL LAhanası Hurma Kaju Çorbası

İçindekiler

- 110 gr kaju fıstığı
- 300 gr brüksel lahanası
- 500 ml sebze suyu 5 adet hurma (çekirdeksiz)
- 1 organik limon
- 1 avuç ot (5 gr; örneğin maydanoz)
- 1 tutam himalaya tuzu
- biber
- pembe biber meyveleri

Hazırlık adımları
1. 100 gr kaju fıstığını 200 ml suda en az 4 saat bekletin. Daha sonra mikser ile krema haline getirin.
2. Bu sırada Brüksel lahanalarını temizleyip yıkayın, sebze suyuyla birlikte bir tencereye koyun ve orta ateşte 15-20 dakika pişirin. Ardından Brüksel lahanalarını süzün ve birkaç çiçeği ayırın. Kalan lahanayı kaju kreması ve 200 ml su ve hurma ile istenilen kıvama gelene kadar azar azar ekleyin ve kremalı bir çorbaya püre haline getirin.
3. Limonu sıkın. Otları yıkayın, sallayın ve doğrayın. Çorbayı limon suyu, tuz ve karabiberle tatlandırın ve kenara ayırdığınız Brüksel lahanasını ekleyin. Çorbayı kaselere yerleştirin ve kalan kaju fıstığı, pembe biber meyveleri ve otları serpin.

67. PESTO CENNETLİ MAKARNA SALATASI

İçindekiler
- 300 gr Farfalle
- 50 gr roket
- 200 gr kiraz domates
- biber
- 80 gr ekmek
- 10 ml sebze çorbası
- 5 ml beyaz şarap sirkesi
- 3 yemek kaşığı Barilla Pesto Ceneviz
- 3-4 yemek kaşığı zeytinyağı

hazırlık
1. Makarna salatası için bol tuzlu su kaynatın. Farfalle ekleyin ve al dente kadar pişirin. Bir elek içine dökün ve makarnanın yapışmasını önlemek için soğuk suda kısa bir süre durulayın.
2. Farfalle haşlanırken rokayı yıkayın ve iyice süzün.
3. Kiraz domatesleri yarıya bölün ve kesilmiş yüzeyleri tuz ve karabiberle baharatlayın. Kısaca demlenmesine izin verin.
4. Bresaolayı veya dar şeritler halinde kesin. Geniş bir kapta bulyon, sirke, pesto Genovese, tuz ve karabiberi karıştırın ve ardından zeytinyağını ekleyin.
5. Servis yapmadan önce, Farfalle, roka ve çeri domatesleri sosa ekleyin ve her şeyi dikkatlice karıştırın. Gerekirse mevsim.
6. Makarna salatasını bresaola ile süsleyin

68. Kabak Lazanya

İçindekiler

- 8. Adet Lazanya yaprakları
- 1 Can Pizza domates, küçük
- 20. G ekmek kırıntıları
- 20.G tereyağı
- 1 ödül tuzu
- 1 ödül biber
- Kalıp için 1 yemek kaşığı tereyağı veya sıvı yağ

Soğan ve kabak karışımı için malzemeler

- 300 G Kabak, taze
- 1 yemek kaşığı zeytinyağı
- 1 Adet soğan

Ricotta karışımı için malzemeler

- 200 gr ricotta
- 1 ödül tuzu

- 1 ödül Öğütülmüş biber
- 1 TL Öğütülmüş kimyon

Hazırlık

1. Önce fırını 180 ° C'ye ısıtın ve bir fırın tepsisini biraz yağ veya tereyağı ile yağlayın.
2. Kabakları yıkayın, uzunlamasına dilimler halinde kesin ve ince şeritler halinde kesin. Soğanları soyun ve ince parçalar halinde kesin.
3. Yağı bir tavada ısıtın ve içinde kabak şeritlerini kızartın. Ardından soğan parçalarını tavaya koyun ve kısaca kızartın.
4. Ricotta'yı kimyon, tuz ve karabiberle tatlandırın ve iyice karıştırın.
5. Pizza domateslerini tuz ve karabiberle tatlandırın.
6. Şimdi domateslerin yarısını hazırlanan fırın tepsisine koyun, ilk iki lazanya tabağını üstüne yerleştirin ve ricotta karışımının 1/4'ü ve soğan ve kabak karışımının 1/3'ünü fırçalayın.
7. İşlemi iki kez tekrarlayın ve iki yaprak lazanya ile bitirin.
8. Şimdi ricotta karışımının geri kalanını 3 yemek kaşığı su ile karıştırın ve üst lazanya tabaklarını bununla kaplayın.

9. Son olarak galeta unu ve tereyağını kabak lazanyasının üzerine yayın ve önceden ısıtılmış fırında yaklaşık 30 dakika pişirin.

69. Somonlu Kabak Lazanya

İçindekiler
- 400 gr kabak
- 350 G Somon fileto, derisiz
- 1 Federasyon fesleğen
- 3 yemek kaşığı Parmesan, taze rendelenmiş
- 2 yemek kaşığı zeytinyağı

Lazanya yaprakları için malzemeler
- 10 Adet Lazanya yaprağı
- 0,5 TL Tuz, pişirme suyu için

Ricotta sosu için malzemeler

- 250 G ricotta
- 100 ml süt
- 1 yemek kaşığı Limon suyu
- 1 TL Limon kabuğu rendesi
- 1 ödül tuzu
- 1 ödül Biber, siyah, taze çekilmiş

Hazırlık

1. Bir tencerede tuzlu suyu kaynatın, lazanya yapraklarını ekleyin ve 5 dakika pişirin. Daha sonra süzün, soğuk suyla durulayın ve yapışmasını önlemek için soğuk suyla bir kaba koyun.
2. Kabakları yıkayıp temizleyin ve uzunlamasına dilimler halinde kesin. Fesleğeni yıkayın, sallayın ve yapraklarını ince ince kesin.
3. Fırını önceden 180°C üst/alt ısıya ayarlayın.
4. Ricotta sosu için ricotta'yı bir kapta süt, limon kabuğu rendesi, tuz, karabiber ve limon suyu ile karıştırın. Somonu soğuk suyla durulayın, kurulayın ve ısırık büyüklüğünde küpler halinde kesin.

5. Şimdi bir fırın tepsisine bir kat lazanya yaprağı koyun. Somon küplerinin ve kabak dilimlerinin bir kısmını üstüne koyun ve tuz ve karabiberle tatlandırın. Üzerine biraz fesleğen serpin ve üzerine biraz ricotta sosu serpin.
6. Kalan malzemeleri de aynı sırayla katlayın ve ricotta sosuyla tamamlayın. Son olarak zeytinyağını somonlu kabak lazanyasının üzerine gezdirin.
7. Lazanyanın üzerine rendelenmiş Parmesan peyniri serpin ve tabağı sıcak fırında orta rafa kaydırın. Lazanyayı yaklaşık 30 dakika pişirin ve hemen servis yapın.

70. VEGAN ISPANAK LAZAGNA

İçindekiler

- 250 gr lazanya yaprağı
- 250 G Ispanak, dondurulmuş

Vegan beşamel için malzemeler

- 250 ml su
- 750 ml soya sütü
- 1 ödül Hindistan cevizi, öğütülmüş
- 1 TL tuz
- 1 ödül taze çekilmiş biber
- 200 G Margarin, vegan
- 200 gr Un

Hazırlık

1. Fırını 180°C fanlı fırına önceden ısıtın.
2. Ardından, ıspanağı bir kevgir içine koyun ve çözülmesine izin verin.
3. Beşamel sos için margarini bir tencerede eritin, unu azar azar ilave edin, iyice karıştırın ve soya sütü ve suyu yavaş yavaş ilave edin.
4. Şimdi sosu kısık ateşte yaklaşık 30 dakika kaynatın ve tuz ve karabiberle tatlandırın.
5. Daha sonra çözülmüş ıspanağı sosla karıştırın ve bir lazanya tabağına lazanya tabaklarını dönüşümlü olarak yerleştirin. Beşamel sos ile bitirin ve vegan ıspanaklı lazanyayı önceden ısıtılmış fırında yaklaşık 30 dakika pişirin.

71. KIYILMIŞ VE ZUCCHINI LASAGNNE

İçindekiler
- 3 soğan
- 2 diş sarımsak
- 200 gr havuç
- 100 gr kereviz kökü
- 1 yemek kaşığı zeytinyağı
- 500 gr dana kıyma
- 2 yemek kaşığı domates salçası
- 400 gr soyulmuş domates parçaları (1 kutu)
- 250 ml et suyu
- tuz
- değirmenden biber
- 2 çay kaşığı Provence otları
- 400 gr kabak
- 100 gr pecorino (1 adet)

- 10 tam tahıllı lazanya tabağı
- reyhan

Hazırlık adımları

1. Soğanları ve sarımsakları soyun ve ince doğrayın. Havuç ve kerevizi temizleyip kabaca rendeleyin. Yağı büyük bir tavada ısıtın. Soğan, sarımsak, havuç ve kerevizi ve kıymayı ekleyip orta ateşte yaklaşık 10 dakika soteleyin. Domates salçasını karıştırın ve kısaca kızartın.
2. Domatesleri ekleyip birkaç dakika pişirin. Et suyuna dökün. Tuz, karabiber ve otlar ile tatlandırın. Kısık ateşte 10 dakika daha kaynatın.
3. Kabakları yıkayıp temizleyin ve uzunlamasına ince dilimler halinde kesin. Pecorino'yu rendeleyin. Sosu, makarna tabaklarını ve kabakları bir fırın tepsisine sırayla yerleştirin. Sosla bitirin ve pecorino peyniri serpin. 180 °C'de önceden ısıtılmış fırında (konveksiyon 160 °C; gaz: seviye 2-3) yakl. 30 - 40 dakika.
4. Fesleğeni yıkayın, kurutun. Lazanyayı çıkarın, porsiyonlayın ve fesleğen yapraklarıyla süsleyin.

72. TUNA LAZAGNA

İçindekiler

- 6. Adet Lazanya yaprağı, beyaz, önceden pişirilmiş
- 2 TL zeytinyağı
- 150 gr Parmesan, rendelenmiş

Ton balığı sosu için malzemeler

- 2 Can Ton Balığı kendi suyunda ☐ 900 G Domates, oldu
- 3 yemek kaşığı domates salçası
- 130 G Bezelye, yeşil
- 130 gr Mısır

- 1 yemek kaşığı zeytinyağı
- 1 TL tuz
- Öğütücüden 2 ödül Biber
- 2 Adet Sarımsak, küçük
- 2 Adet Soğan, küçük
- 1 TL kekik

Hazırlık

1. Ton balıklı lazanya ile başlamak için soğanları ve sarımsakları soyun ve küçük parçalar halinde doğrayın. Yağı daha büyük bir tencerede ısıtın ve her iki malzemeyi de yarı saydam olana kadar kızartın.
2. Daha sonra salçayı ilave edip domateslerle rendeleyin. Tuz ve karabiber serpin ve ara sıra karıştırarak 15 dakika hafifçe pişirin. Yaklaşık 5 dakika sonra bezelye ve mısırı ekleyin.
3. Tencereyi ocaktan alın, ton balığı parçalarını karıştırın ve kekik ile baharatlayın.
4. Daha sonra bir fırın tepsisini zeytinyağı ile yağlayın, tabanını lazanya yapraklarıyla kaplayın, ardından üzerine ton balığı sosunun yarısını, ardından tekrar lazanya yapraklarını koyun ve kalan ton balığı sosunun kalanını üzerlerine yayın.

5. Son olarak lazanyayı rendelenmiş Parmesan ile serpin ve önceden ısıtılmış 180 derece (alt-üst) fırında yaklaşık 20 dakika ızgarada pişirin. Gerekirse, pişirme süresinin sonuna doğru lazanyayı pişirme kağıdı ile kaplayın.

73. Ispanaklı Lazanya

İçindekiler

- 600 G Balt ıspanak, taze veya dondurulmuş
- 1 Adet Soğan, küçük
- 2 Adet Sarımsak
- 1 TL tuz
- 0,5 TL biber
- 0,5 TL kimyon
- 200 gr beyaz peynir

- 1 Paket Mozzarella
- 80 gr Parmesan, rendelenmiş
- 250 gr krema
- 400 gr lazanya yaprağı

Hazırlık

1. Ispanaklı lazanya için önce fırını 180 °C'ye (fanlı fırın) ısıtın ve bir fırın tepsisine sıvı yağ sürün.
2. Daha sonra ıspanakları yıkayın, sallayarak kurutun ve kapaklı bir tavada 3 dakika ısıtın. Ispanağa eklenen su sıvı olarak yeterlidir. Daha sonra ıspanakları ayıklayıp küçük küçük doğrayın.
3. Şimdi soğanı ve sarımsağı soyup doğrayın ve ıspanakla karıştırın. Tuz, karabiber ve kimyon ile tatlandırın.
4. Şimdi beyaz peynir ve mozzarellayı küçük parçalar halinde kesin. Başka bir kapta beyaz peynir, mozzarella peyniri, parmesan ve kremayı karıştırın.
5. Daha sonra fırın tepsisini bir kat lazanya ile kaplayın, ardından bir kat ıspanak ve ardından bir kat peynir kreması ekleyin. Malzemeler

bitene ve kalıp dolana kadar bu şekilde devam edin - en üst tabaka peynir kreması olmalıdır.
6. Ispanaklı lazanyayı fırında yaklaşık 3035 dakika pişirin.

74. KARİDESLİ MAKARNA SALATASI

içindekiler

- 500 gr kepekli makarna (penne)
- tuz
- 1 kişniş
- 50 gr parmesan (1 adet)
- 3 yemek kaşığı ricotta
- 3 yemek kaşığı beyaz balzamik sirke
- 2 yemek kaşığı zeytinyağı
- 300 gr karides (pişirilmeye hazır)

- değirmenden biber

Hazırlık adımları

1. Makarnayı bol kaynayan tuzlu suda paketindeki tarife göre haşlayıp süzgeçten geçirin ve süzülmeye bırakın.
2. Kişnişi yıkayın, kurutun, yapraklarını koparın ve ince doğrayın. Parmesanı ince rendeleyin. Ricotta'yı parmesan, balzamik sirke ve zeytinyağı ile pürüzsüz olana kadar karıştırın.
3. Makarnayı karides, kişniş ve ricotta-parmesan sosuyla karıştırın ve tuz ve karabiberle tatlandırın. Kaselerde karidesli makarna salatası servis yapın.

75. KIRMIZI ISPANAKLI ISPANAK LASAGNA

İçindekiler

- 600 G Kremalı ıspanak, dondurulmuş
- 12. Adet Lazanya tabakları, ön pişirmesiz
- 120 G Gorgonzola
- 1 Adet diş sarımsak
- 1 TL Tereyağı, kalıbı için
- 0,5 Bch Ekşi krema veya taze krema
- 150 ml çırpılmış krema
- 100 G Peynir, rendelenmiş, örneğin Gouda, Cheddar

Hazırlık

1. Önce sarımsakları soyun ve ince ince doğrayın. Dondurulmuş kremalı ıspanağı mikrodalgada çözdürün
(400 watt'ta) yaklaşık 15 dakika ve sarımsağı çözülmüş ıspanakla karıştırın.
2. Bu sırada bir fırın tepsisini tereyağ ile yağlayın ve fırını 200 °C üst/alt ısıda ısıtın.
3. Ardından peyniri kabaca doğrayın. Fırın tepsisine lazanya yapraklarının 1/3'ünü yerleştirin ve kremalı ıspanağın yarısını üstüne yayın. Gorgonzola'nın yarısını ıspanağın üzerine dağıtın, ardından bir sonraki lazanya yapraklarını üstüne yerleştirin.
4. Şimdi ıspanak ve Gorgonzola'yı tekrar katlayın, son olarak kalan lazanya yapraklarını ekleyin.
5. Son olarak ekşi kremayı makarna tabaklarına yayın. Rendelenmiş peyniri krema ile karıştırın ve ekşi krema tabakasının üzerine yayın.
6. Kremalı ıspanaklı lazanya orta rayda önceden ısıtılmış fırında yaklaşık 30-35 dakika altın rengi alana kadar pişirilir.

7. Bitmiş lazanyayı fırından çıkarın ve servis yapmadan önce 5 dakika daha dinlenmeye bırakın.

76. KUŞPARK LAZAGNA

içindekiler

hamur için:

- 900 gr un
- 500 ml su (ılık)
- 25 gr tuz
- 3 yemek kaşığı kabak çekirdeği yağı
- 8 gr Mikrop (veya 1 Paket Kuru maya)

Kaplamak için:

- 25 gr kabak çekirdeği (öğütülmüş)
- 1 kabak
- 100 gr prosciutto

- 50 gr parmesan (rendelenmiş veya dilimlenmiş)
- 50 gr roket
- zeytin yağı

hazırlık

1. Fritözden çıkan kabaklı mini pizza için önce tüm hamur malzemelerini yoğurup top şekli verin. Bir kaseye koyun, bir havluyla örtün ve yaklaşık 2 saat mayalanmaya bırakın.
2. Bu arada üstünü hazırlayın. Bunu yapmak için, balkabağını soyun, tohumları çıkarın ve posayı küçük küpler halinde kesin.
3. Kabak küplerini Airfritöz sıcak hava fritözünde 120°C'de çok az yağ ile yumuşayana ve kolayca ezilene kadar 10 dakika buğulayın. Ezerek veya karıştırarak macun haline getirin.
4. Hamuru dört eşit parçaya bölün, küçük bir pizzaya yuvarlayın veya ayırın. Her pizzayı kabak ezmesiyle fırçalayın ve kabak çekirdeği serpin.
5. Sıcak hava fritözünden kabaklı mini pizza, Hava fritözü fırında 200 ° C'de yaklaşık 10-15 dakika.
6. Daha sonra üzerine roka, salam ve parmesanı yayın. Birkaç damla zeytinyağı gezdirin.

77. Mercimek Bologneseli Makarna

içindekiler

- 350 gr mantar
- 2 soğan
- 2 diş sarımsak
- 3 havuç
- 3 kutup kereviz
- 200 gr kırmızı lensler
- 2 yemek kaşığı zeytinyağı
- 125 ml kırmızı şarap (alternatif olarak sebze suyu)
- 3 yemek kaşığı domates salçası
- 700 gr pastırma domates
- 400 gr kepekli makarna (farfalle)
- tuz

- 100 gr sert peynir (mikrobik peynir mayası ile; örneğin, montello)
- 4 dal taze biberiye
- 4 dal taze kekik
- 4 yaprak taze adaçayı

Hazırlık adımları

1. Mantarları temizleyip küçük küçük doğrayın. Soğanları ve sarımsakları soyun ve küçük parçalar halinde doğrayın. Havuçları yıkayın, temizleyin ve kabaca rendeleyin. Kerevizi yıkayıp doğrayın.
2. Mercimekleri bir kevgir ile durulayın. Mercimekleri küçük bir tencereye koyun ve ambalajında yazanın iki katı su ile pişirin.
3. Bu arada, yağı büyük bir tencerede ısıtın. Mantarları ve soğanları yüksek ateşte 3 dakika kızartın. Havuç ve kereviz ekleyin ve 3 dakika daha kızartın. Isıyı düşürün. Sır kırmızı şarap ile çıkarın, sarımsak ve salça ekleyin ve 1-2 kez orta ateşte kızartın. Sosa mercimek ve domates püresini ekleyin, karıştırın ve 5-8 dakika daha pişirin.
4. Bu sırada makarnayı bol kaynayan tuzlu suda paketin üzerindeki talimatlara uyarak, makarna sertleşene kadar pişirin. Raspa peyniri. Otları yıkayın, kuruması için sallayın ve yaprakları ve iğneleri doğrayın. Mercimek bolonezine otlar ekleyin ve tuz ve karabiberle tatlandırın.

5. Makarnayı süzün, süzün ve bir tabağa koyun. Üzerine mercimek bolonezini yayın ve peynir serpin. Lütfen sıcak bir şekilde tadını çıkarın.

78. HIZLI SEBZE LAZANYA

İçindekiler

- 12. Adet Lazanya yaprağı, gerektiği kadar
- 60 G Peynir, rendelenmiş

Sebzeler için Malzemeler

- 750 G Tereyağlı sebzeler, dondurulmuş
- 40 gr tereyağı
- 4.yemek kaşığı Un, beyaz
- 1 l süt
- 60 G Peynir, rendelenmiş
- 1 TL tuz
- 0,25 TL hindistan cevizi

Domates sosu için malzemeler

- 500 G Domates, oldu
- 130 G Creme fraiche Peynir

Hazırlık

1. Bunun için sebzelerin zamanında çözülmesine izin verin.
2. Sebzeler için tereyağını bir tencerede eritin, ardından unu serpin, hafif bir renk almasına izin verin ve kuvvetlice karıştırarak sütü porsiyonlar halinde dökün.
3. Sonra sosu kaynatın, tuz ve hindistan cevizi ile baharatlayın, ardından tereyağı sebzeleri ve peyniri ekleyin, peyniri eritin ve her şeyi iyice karıştırın.
4. En üst kat için kremayı yaklaşık 4 yemek kaşığı domates püresi ile karıştırın ve hazırlayın.
5. Fırını 200 ° C'ye önceden ısıtın (üst ve alt ısı ile).
6. Daha sonra uygun bir fırın tepsisine biraz sebze sosu koyun. Üzerine lazanya erişteli kalıbı yerleştirin, üzerine 1 kat domates püresi gezdirin, üzerini tekrar sebze dolgusu ile kapatın. Sonra tekrar lazanya erişteşi ile başlayın. (Tavanın boyutuna bağlı olarak en az 3 kat makarna koyun).

7. Son kat, kremalı domates sosuyla kaplanmış ve peynir serpilmiş 1 kat makarna olmalıdır. Ardından hızlı sebze lazanyasını alt üçte birlik fırında yaklaşık 30 dakika pişirin.

79. FIRINDAN ÇIKMIŞ BEYAZ MAKARNA

içindekiler
- 600 gr kiraz domates
- 1 kırmızı soğan
- 2 diş sarımsak
- 200 gr beyaz peynir
- 1 yemek kaşığı zeytinyağı
- tuz
- biber
- 1 tutam kuru kekik
- 1 tutam kuru kekik
- 1 tutam pul biber
- 400 gr kepekli spagetti
- 2 avuç fesleğen

Hazırlık adımları

5. Domatesleri temizleyip yıkayın ve gerekirse ikiye bölün. Soğanları soyun, ikiye bölün ve ince dilimler halinde kesin. Sarımsakları soyun ve dilimleyin. Sebzeleri bir fırın tepsisine ve beyaz peyniri ortasına koyun. Hepsini zeytinyağı, tuz, karabiber ve baharatlarla serpin.
6. 200°C önceden ısıtılmış fırında pişirin (konveksiyon 180 °C, gaz: seviye 3) 30-35 dakika.
7. Bu arada makarnayı kaynayan tuzlu suda haşlamak için paketteki talimatları uygulayın. Fesleğeni yıkayın, kuruması için sallayın ve yapraklarını koparın.
8. Makarnayı süzün ve süzün. Beyaz peyniri ve sebzeleri fırından çıkarın, çatalla kabaca doğrayın ve karıştırın. Makarnayı ve $1\frac{1}{2}$ avuç fesleğeni bir fırın tepsisine koyun, her şeyi iyice karıştırın ve 4 tabağa dağıtın.

Kalan fesleğen yaprakları ile servis yapın.

80. DOMATES SOSLU, MERCİMEKLİ VE BEYAZ FETALI SPİRELLİ

içindekiler

- 50 gr beluga mercimek
- 1 arpacık soğanı
- 1 diş sarımsak
- 1 havuç
- 1 kabak
- 2 yemek kaşığı zeytinyağı
- ½ çay kaşığı harissa ezmesi
- 200 gr iri domates (kutu)
- tuz
- biber
- 1 dal kekik
- 250 gr kepekli makarna (spirelli)
- 200 gr kiraz domates
- 50 gr beyaz peynir

Hazırlık adımları

6. Mercimekleri iki katı kaynar suda 25 dakika yumuşayana kadar pişirin. Ardından süzün ve süzün.
7. Bu arada soğanı ve sarımsağı soyup doğrayın. Havuç ve kabakları temizleyip küçük küçük doğrayın.
8. Yağı bir tavada ısıtın ve arpacık soğanı ve sarımsağı orta ateşte 3 dakika kızartın, ardından havuç, kabak ve harissa salçasını ekleyin ve 5 dakika kızartın. Ardından domatesleri ekleyin ve 4 dakika daha kısık ateşte pişirin. Kekik yıkayın, kuruması için sallayın ve yapraklarına dokunun. Sosu tuz, karabiber ve kekik ile tatlandırın.
9. Aynı anda paketin üzerindeki talimatlara uyun ve makarnayı bol kaynar tuzlu suda 8 dakika pişirin. Ardından süzün ve süzün. Bitmiş mercimekleri tuz ve karabiberle tatlandırın. Domatesleri yıkayıp 4 eşit parçaya bölün. Beyaz peyniri ezin.
10. Makarnayı bir kaseye koyun, sosu mercimek ve domatesle dökün, beyaz peynir serpin ve afiyet olsun.

81. DÜŞÜK CARB LAZAGNA

İçindekiler

- 500 G Kıyma
- 2 Adet kabak
- 1 Adet soğan
- 500 gr elenmiş domates
- 3 yemek kaşığı domates salçası
- 200 gr krem şanti Peynir
- 1 ödül tuzu
- Öğütücüden 1 ödül biber
- 200 gr rendelenmiş peynir
- 1 TL İtalyan otları
- Tava için 1 atış zeytinyağı

Hazırlık

1. Önce soğanı küçük küpler halinde doğrayın ve bir tavada az yağ ile hafifçe soteleyin. Kıymayı da ekleyip kavurun.
2. Şimdi etler tuz ve karabiber ile isteğe göre İtalyan otları ile tatlandırılır, domatesler ve salça ilave edilir ve tekrar kısa bir süre kaynatılır.
3. Ardından, kabak yıkanmalı ve ince dilimler halinde kesilmelidir - bunu yapmanın en kolay yolu bir dilimleyicidir.
4. Şimdi kabak dilimlerini, kremayı ve kıyma sosunu uygun ve yağlanmış bir fırın tepsisine dönüşümlü olarak yerleştirin. Son katman, ince bir krem fraiche katmanı olan kabaktır. Son olarak üzerine peynir dökülür.
5. Lazanya artık önceden ısıtılmış bir fırında 200°C üst ve alt ısıda veya 180°C konveksiyonda 30-40 dakika pişirilmelidir.

82. TÜRKİYE İLE LASAGNA SAKSI

İçindekiler
- 500 gr hindi göğüs, pişirmeye hazır
- 2 Adet Orta boy havuç
- 500 G Orta boy domates
- 2 Adet Soğan, küçük
- 3 yemek kaşığı zeytinyağı
- 2 yemek kaşığı domates salçası
- 2 ödül tuzu
- 2 ödül biber
- 700 ml Sebze suyu
- 200 gr lazanya yaprağı
- 120 gr Mozzarella
- 100 G Gouda peyniri
- Kekik arasında 4., taze
- 4. Fesleğen arasında, taze

Hazırlık

1. Önce eti akan suyun altında kısa bir süre yıkayın, mutfak kağıdıyla kurulayın ve ısırık büyüklüğünde küpler halinde kesin.
2. Ardından havuçları ve soğanları soyun ve küp küp doğrayın. Domatesleri yıkayın, dörde bölün, sert sapı çıkarın ve domatesleri küpler halinde kesin.
3. Şimdi zeytinyağını bir kızartma tavasında ısıtın ve eti her taraftan kızartın - birkaç kez çevirin.
4. Ardından soğan ve havuçları ekleyip salça ile kısa süre soteleyin.
5. Daha sonra her şeyi tuz ve karabiberle tatlandırın ve sebze suyuyla deglaze edin.
6. Şimdi domatesleri ekleyin, kaynatın ve kapağı kapalı olarak yaklaşık 20 dakika pişirin.
7. Bu sırada lazanya yapraklarını parçalara ayırın, yaklaşık 10 dakika haşladıktan sonra rosto tavasına koyun, karıştırın ve yumuşayana kadar pişirin.
8. Ardından mozzarellayı küpler halinde kesin ve Gouda peynirini rendeleyin. Fesleğen ve kekik yıkayın, sallayın, yapraklarını koparın, ince doğrayın, otların yarısını kavurma tavasına koyun ve karıştırın.
9. Son olarak lazanya kabını hindi ile tuz ve karabiberle tatlandırın, kalan otları serpin ve iki çeşit peynirle servis yapın.

83. DOMATES SOSLU NOHUTLU PENNE

içindekiler
- 1 diş sarımsak
- 2 havuç
- 3 yemek kaşığı zeytinyağı
- ½ çay kaşığı kimyon
- 1 tutam acı biber
- 200 gr iri domates (kutu)
- 50 ml soya kreması
- tuz
- biber
- kurutulmuş biberiye
- 250 gr kepekli makarna (penne)
- 100 gr nohut
- ½ çay kaşığı zerdeçal tozu
- 1 çay kaşığı susam
- 1 avuç roka

Hazırlık adımları

6. Sarımsakları soyun ve doğrayın. Havucu temizleyin, yıkayın ve rendeleyin.
7. 2 yemek kaşığı yağı bir tencerede kızdırın, orta ateşte 5 dakika sarımsak ve havucu soteleyin, ardından kimyon, kırmızı biber ve domatesi ekleyin ve 4 dakika daha kısık ateşte pişirin. Soya kremasını ekleyin ve sosu tuz, karabiber ve biberiye ile baharatlayın.
8. Aynı zamanda makarnayı bol kaynar tuzlu suda paketin üzerindeki talimatlara göre 8 dakika pişirin. Ardından suyu boşaltın ve suyu boşaltın.
9. Nohutları pişirmek için kalan yağı bir tavada ısıtın, nohut, zerdeçal, susam ekleyin ve orta ateşte 4 dakika soteleyin. Tuz ve karabiberle tatlandırın. Rokayı yıkayın ve sallayarak kurutun.
10. Makarnaları kaselere paylaştırın, üzerine nohut sosu gezdirin ve roka ile servis yapın.

84. ÇİA VE BADEMLİ SÜT MUCİZESİ

içindekiler

- 50 gr chia tohumu
- 300 ml badem içeceği (badem sütü)
- 2 yemek kaşığı akçaağaç şurubu
- 1 muz
- 2 tutam vanilya tozu
- 1 avuç kuru goji berry
- 1 tepeleme yemek kaşığı kakao

Hazırlık adımları

1. Chia tohumları, badem sütü, akçaağaç şurubu, soyulmuş muz ve vanilyayı bir kaseye koyun. En az 40 dakika (veya gece boyunca) bekletin.
2. Pürüzsüz bir krema elde edene kadar her şeyi el blenderi ile püre haline getirin, gerekirse biraz badem sütü ekleyin.
3. Bir kaseye veya tatlı bardağa dökün ve goji meyveleri ve kakao uçları ile süsleyerek servis yapın.

85. BEŞAMELSİZ LAZANYA

İçindekiler
- 250 gr lazanya yaprağı, ön pişirmesiz
- 200 gr Parmesan, rendelenmiş

Kıyılmış et sosu için malzemeler
- 2 Adet Arpacık, küçük
- 2 Adet Sarımsak, küçük
- 500 G Kıyma, karışık
- 2 yemek kaşığı Arıtılmış tereyağı
- 1,5 TL tuz
- 2 yemek kaşığı domates salçası
- 700 G Domates, oldu
- 150 G Creme Fraiche Peyniri

- 1 yemek kaşığı şeker
- 2 TL Kekik, ince doğranmış / kurutulmuş
- 1 yemek kaşığı zeytinyağı
- Öğütücüden 3 ödül Biber

Hazırlık

1. Önce arpacık soğanı ve sarımsak karanfilini soyun ve küçük parçalar halinde doğrayın. Fırını yakl. 180 derece (üstten ve alttan ısıtma).
2. Daha sonra tereyağını bir tavada ısıtın, kıymayı ufalanana kadar kızartın ve en iyisi bir spatula ile doğrayın. Etler kahverengileşince arpacık soğanı ve sarımsağı ekleyip kısa süre kavurmaya devam edin.
3. Ardından salça ve zeytinyağını ekleyip soteleyin. Daha sonra domateslerle süsleyin, kremayı karıştırın, kaynatın, sosu ocaktan alın ve tuz, karabiber, şeker ve kekik (isterseniz) ile iyice baharatlayın.
4. Şimdi uygun bir güveç kabına biraz sos koyun, üzerine lazanya tabaklarından bir kat koyun, sonra tekrar kıyma sosu yayın, ardından tekrar lazanya tabaklarını ve malzemeleri

bitene kadar işlemi tekrarlayın - sos son katı oluşturmalıdır. .

5. Son olarak, parmesanı üstüne yayın ve lazanyayı beşamelsiz önceden ısıtılmış fırında alt üçte birlik rafta altın rengi kahverengi olana kadar yaklaşık 40 dakika pişirin.

86. EV YAPIMI GRANOLA

Bileşen

- 3 su bardağı kuşbaşı yulaf ezmesi
- ¼ su bardağı kıyılmış çiğ fındık
- ¼ fincan çiğ ceviz, doğranmış
- ¼ su bardağı çiğ badem, doğranmış
- ½ su bardağı saf akçaağaç şurubu
- 2 çay kaşığı vanilya
- 2 çay kaşığı tarçın
- 1 tutam tuz (isteğe bağlı)

İşlem

1. Fırını 250-300 ° F'ye (149 ° C) önceden ısıtın.
2. Tüm malzemeleri bir kaseye koyun, iyice karıştırın ve her şeyi akçaağaç şurubu ile kaplayın. Karışımı bir fırın tepsisine veya broiler tavasına yayın.
3. Karışım kahverengileşene kadar ara sıra karıştırarak 30-40 dakika pişirin. Üst plakayı tel rafa taşıyın ve tamamen soğumaya bırakın. Granolayı kapalı bir kavanozda soğutun.

87. CHIA TOHUMLU HİNDİSTAN CEVİZLİ VE ÇİKOLATALI DONDURMA

içindekiler

- 400 ml hindistan cevizi sütü
- 4 yemek kaşığı akçaağaç şurubu
- 15 gr kakao tozu (2 yemek kaşığı; çok yağlı)
- 2 poşet chai çayı
- 12 gr beyaz chia tohumu (2 yemek kaşığı)
- 250 gr soya yoğurdu
- 30 gr bitter çikolata (en az %70 kakao)
Hazırlama adımları

1. Hindistan cevizi sütünü bir tencereye koyun. Akçaağaç şurubu ve kakao tozu ekleyin ve

ısıtın, ancak kaynatmayın. Çay poşetini içine asın, örtün, ocaktan alın ve 30 dakika demlenmeye bırakın. Daha sonra sıvıyı sıkarak çay poşetini çıkarın. 1 1/2 yemek kaşığı chia tohumu ve yoğurdu karıştırın.

2. Kütleyi 8 buz kalıbına doldurun ve yaklaşık 1 saat donmaya bırakın. Ardından tahta çubukları yerleştirin ve 3 saat daha donmasını bekleyin.

3. Çikolatayı doğrayın ve ılık su banyosunda eritin. Dondurmayı kalıplardan çıkarın ve çikolata ve kalan chia tohumlarıyla süsleyin.

88. DENİZ ÜRÜNLERİ LAZAGNA

İçindekiler

- 300 G Balık filetosu, örneğin somon
- 2 Adet Taze soğan
- 1 Adet limon
- 1 TL tuz
- 0,5 TL biber
- 400 gr lazanya yaprağı
- Fırın tepsisi için 2 yemek kaşığı zeytinyağı
- 100 G Karides veya yengeç, pişirmeye hazır
- 200 gr Mozzarella

Sos için Malzemeler

- 100 gr Parmesan, rendelenmiş
- 3 yemek kaşığı tereyağı
- 3 yemek kaşığı Un
- 150 ml süt

Hazırlık

1. Önce fırını 180 °C'ye (fanlı fırın) ısıtın ve bir güveç kabına yağ sürün.
2. Daha sonra pişirmeye hazır karides ve balık filetosunu yıkayın, kurulayın ve balıkları küçük parçalar halinde kesin.
3. Şimdi taze soğanları yıkayın ve küçük parçalar halinde kesin. Limon kabuğunu ovalayın ve kalan limonu sıkın. Balık, karides, taze soğan,

limon kabuğu rendesi ve suyu, tuz ve karabiberi karıştırın.

4. Sos için tereyağını küçük bir tencerede ısıtın. Unu serpin ve sürekli karıştırarak soğumaya bırakın. Daha sonra sütü yavaş yavaş karıştırarak koyulaşana kadar ısıtın. Sonra peyniri karıştırın.

5. Şimdi fırın kabının altını bir kat lazanya ile kaplayın, üstüne balığın bir kısmını yayın ve sosun bir kısmını üzerine dökün. Tüm malzemeler bitene kadar bu şekilde devam edin - son kat sos olmalıdır. Daha sonra ince dilimlenmiş mozzarella peyniri ile kaplayın.

6. Son olarak deniz mahsullü lazanyayı sıcak fırında 30-35 dakika pişirin ve afiyetle afiyetle yiyin.

89. Kakuleli ÇİKOLATALI ÇİLEK

içindekiler

- 400 gr çilek
- 2 kakule kapsülü
- 100 gr bitter çikolata kaplama (en az %72 kakao)

Hazırlık adımları

1. Çilekleri bir elek içine koyun, dikkatlice yıkayın ve kurulayın.
2. Kakule kapsüllerini açın ve tohumları çıkarın. Kakule tohumlarını bir havanda iyice ezin.
3. Kuvertürü kabaca doğrayın ve küçük bir çırpıcıya koyun. Kakule ekleyin.
4. Karıştırırken çikolatanın sıcak su banyosunda erimesine izin verin.
5. Çilekleri sapından tutun ve sıvı çikolata kaplamasına arka arkaya 2/3 daldırın.
6. Çikolatalı çilekleri pişirme kağıdının üzerine koyun ve kuvertür kurumasını bekleyin. Çikolatalı çilekleri servise hazır olana kadar soğutun.

90. ELMA PEYNİRLİ PEYNİR

Elmalı cheesecake için malzemeler

- 250 gr mascarpone
- 250 gr az yağlı lor
- 3 yumurta
- 1 paket muhallebi
- 1 çay kaşığı Kabartma tozu
- 1 paket vanilya şekeri
- 1 tutam tuz
- 2-3 elma

Hazırlık

1. Elmaları soyun, dörde bölün ve çizin.
2. Kalan malzemeleri birlikte karıştırın. Önce kuru olanlar, sonra diğerleri.
3. 28 cm'lik kelepçeli kalıbı fırın kağıdı ile hizalayın. Hamuru doldurun. Elmaları bastırın.
4. 45 dakika 160 °C'de (sirkülasyon) piştikten sonra hafif açık olan fırında soğumaya bırakın.
5. Pişirmeden pişirme süresi 10-15 dakika. Elmaları ne kadar çabuk soyabileceğinize bağlı olarak.

91. PESTO ROSSO VE MOZZARELLA İLE FARFALLE

içindekiler

- 350 g Barilla Farfalle no.65
- 1 bardak Barilla Pesto Rosso
- 250 gr mozzarella topları
- 2 yemek kaşığı zeytinyağı (sızma)
- fesleğen (taze)

hazırlık

1. Pesto rosso ve mozzarellalı farfalle için önce hafif tuzlu suyu kaynatın ve içindeki 65 nolu farfalleyi pişirin.
2. Al dente pişirin, biraz makarna suyundan ayırın ve makarnayı boşaltın.
3. Bir kaseye dökün, Barilla Pesto Rosso'daki sıcak makarna suyuyla karıştırın ve hafifçe karıştırın.
4. Makarnayı mozzarella topları, birkaç fesleğen yaprağı ve biraz sızma zeytinyağı ile servis edin ve Farfalle'yi pesto rosso ve mozzarella peyniri ile servis edin.

92. ŞEKERSİZ MEYVELİ KEK

içindekiler

- 400 gr kuru incir
- 400 gr kuru meyve egb eriği, kayısı, kuru üzüm
- 400 gr fındık zb fındık, badem, ceviz
- 5 yumurta
- 125 gr tereyağı
- 200 gr buğday unu tipi 1050
- 1 yemek kaşığı tarçın
- 1 harita. karanfil soyulmuş

Hazırlık adımları

1. İncirleri, kuru meyveleri ve kuruyemişleri kabaca doğrayın. Yumurtaları ayırın ve beyazları sertleşene kadar çırpın. Tereyağını kabarana kadar çırpın, ardından yumurta sarısını ve unu ekleyin ve pürüzsüz bir hamur yapın. Meyveler, kuruyemişler ve baharatlarla yoğurun. Proteini dikkatlice katlayın.
2. Hamuru yağlı kağıt serilmiş bir fırın tepsisine doldurun, üzerini düzeltin ve 175 °C'deki (fanlı fırın 150 °C; gazlı: 2. seviye) fırında yaklaşık 1 saat pişirin. Bir çubuk testi yapın.
3. Keki fırından alıp soğumaya bırakın.

93. ÇİKOLATALI ÇEREZLER

İçindekiler:

- 2 su bardağı Un (280 gram)
- 2 adet Yumurta
- 1 Su bardağı çikolata parçaları
- 1 su bardağı şeker (200 gram)
- 1 su bardağı Tereyağı (225 gram)
- 1 çay kaşığı kabartma tozu

hazırlık adımları

1. Bir kase alın ve ev yapımı kurabiyeleri yapmaya başlamak için tereyağı ve şekeri iyice karıştırın.
2. Ardından yumurtaları ekleyip çırpmaya devam edin. Entegre edildikten sonra, kabartma tozu ile önceden elenmiş unu ekleyin ve homojen bir kütle elde edene kadar karıştırın.
3. Son olarak damla çikolataları ekleyip kaşık, spatula veya elinizle hamura karıştırın. Hamuru buzdolabında 20 dakika dinlendirip,

çıkarırken tekrar 3 dakika yoğurabilirsiniz. Bu şekilde daha fazla tutarlılık kazanacaktır.

4. Çerezlerinizi şekillendirin ve biraz ayırarak çerez kağıdına yerleştirin. Çikolatalı kurabiyeleri 20 dakika pişirin ve işte!

94. YABAN SARIMSAKLI ERİŞTE

içindekiler

- 2 soğan (ince halkalar halinde kesilmiş)
- 20 gr tereyağı
- 1 yemek kaşığı zeytinyağı
- 150 gr yabani sarımsak (şeritler halinde kesilmiş)
- tuz
- 3 yemek kaşığı zeytinyağı

- 200 gr şerit erişte
- 1 yemek kaşığı yağ
- 50 gr parmesan (taze rendelenmiş)
- biber
- tuz

hazırlık

1. Tereyağı ve yağı birlikte karıştırın.
2. İçinde soğanı kavurun, yabani sarımsağı ekleyin, kavurun, tuz, karabiber ve 3 yemek kaşığı zeytinyağı ile karıştırın.
3. Makarnayı tuzlu suda al dente kıvamına gelene kadar pişirin.
4. Parmesan ve yabani sarımsağı iyice karıştırın ve pişmiş makarna ile servis yapın.

95. YABANİ KUŞKONUKLU SPAGETTİ

içindekiler

- Deniz tuzu
- 400 gr spagetti (veya tagliatelle)
- 80 gr soğan
- 200 gr kuşkonmaz (yabani)
- 2 yemek kaşığı zeytinyağı
- 100 ml beyaz şarap
- 1 diş sarımsak (2 adete kadar)
- Biber (değirmenden)
- 1 çay kaşığı tereyağı
- Maydanoz (taze doğranmış)
- 2 yemek kaşığı parmesan (taze rendelenmiş)

hazırlık

1.

   Büyük bir tencerede bol su kaynatın, tuz ekleyin ve makarnayı al dente olana kadar pişirin.
2. Bu arada soğanı soyup ince ince doğrayın. Yabani kuşkonmazı yıkayın ve büyük parçalar halinde kesin veya bütün bırakın.
3. Zeytinyağını bir tavada ısıtın ve içinde soğan küplerini kızartın. Kuşkonmaz ekleyin ve kısaca kızartın. Beyaz şarapla deglaze edin.
4. Sarımsağı tavaya bastırıp tuz ve karabiber serpin. Tereyağı, maydanoz ve parmesan ile tatlandırın.
5. Kuşkonmaz esnek olduğu halde ısırdığında, süzülmüş erişteleri tavaya ekleyin ve makarnanın sosu iyice emmesi için her şeyi kısaca karıştırın.
6. Spagettiyi hemen servis edin.

96. ŞAMPİYONLU VE REZENELLİ SPAGETTİ

içindekiler

- 350 gr spagetti
- 1 bardak Barilla Arrabbiata makarna sosu
- 150 gr scampi (kabuğu soyulmuş)
- 1 yumru (lar) rezene
- tuz
- biber
- Parmesan (rendelenmiş)

hazırlık

1.

   Karidesli ve rezeneli spagetti için Barilla spagettisini paketteki talimatlara göre pişirin.
2. Karidesleri küçük parçalar halinde kesin ve yapışmaz bir tavada kısa süre kızartın. Rezeneyi dar şeritler halinde kesin, scampi'ye ekleyin ve tuz ve karabiberle tatlandırın.
3. Barilla Arrabbiata makarna sosunu da tavaya ekleyin ve kısaca ısıtın.
4. Makarnayı süzün ve tavada sosla karıştırın. Sonra hemen scampi ile spagetti servis yapın.

97. BAL FIRINDA KAYISI

İçindekiler:
- yağlamak için zeytinyağı
- 4 adet taze kayısı, ikiye bölünmüş, çekirdekleri çıkarılmış
- $\frac{1}{2}$ su bardağı ceviz, kabaca doğranmış
- Bir tutam deniz tuzu
- $\frac{1}{2}$ bardak bal

Hazırlık:
1. Fırını önceden 350 ° F'ye ısıtın.
2. Bir fırın tepsisine yağlı kağıt serip yağlayın.
3. Kayısıları dizin ve ceviz serpin. Tuzlu sezon.
4. Tuzlu sezon. Bal gezdirin. 25 dakika pişirin.
5. Ateşten alın. Meyveleri fındıklı ayrı kaselere koyun.

98. TAVANDAN LAzanya

İçindekiler

- 1 Adet diş sarımsak
- 1 Adet Arpacık
- 1 adet havuç ▢1 Adet Kereviz
- 2 yemek kaşığı zeytinyağı
- 250 G Kıyma
- 1 yemek kaşığı domates salçası
- 50 ml Beyaz şarap
- 150 ml et suyu
- 150 ml Domates püresi
- 1 ödül tuzu
- 1 ödül biber
- 1 Bl defne yaprağı
- 400 G Lazanya yaprağı, taze

Hafif sos için malzemeler

- 150 ml krema
- 150 gr Mascarpone
- 50 gr rendelenmiş parmesan
- 1 ödül hindistan cevizi
- 1 Spr Limon suyu
- 50 gr rendelenmiş peynir

Hazırlık

1. Tavadan lazanya için sarımsak, arpacık soğanı ve havuçları soyun. Kereviz temizleyin. Her şeyi ince küpler halinde kesin. Şimdi yağı bir tavada ısıtın. Kıyılmış eti ufalanana kadar kızartın. Ardından küp küp doğranmış sebzeleri ekleyip şeffaflaşana kadar kavurun. Şimdi domates salçasını karıştırın, bunu 2 dakika kızartın. Şarap, et suyu ve domates püresi ile söndürün, tuz, karabiber ve defne yaprağı ile tatlandırın. Daha sonra hafifçe 25 dakika kaynatın.
2. Bu arada fırını 180 dereceye ısıtın. Lazanya yapraklarını fırına dayanıklı bir tavaya sığacak şekilde kesin. Şimdi sostan başlayarak tavayı

doldurun. Sosun bir katını lazanya yapraklarıyla, diğer kat sosla kaplayın. Sos bitene kadar katmanlamaya devam edin. Son katman sos.

3. Şimdi kremayı mascarpone ve parmesan ile çırpın, tuz, karabiber ve limon suyuyla tatlandırın ve kıyma sosunun üzerine yayın. Rendelenmiş peynir serpin ve 40 dakika pişirin.

99. SOMON LAZAGNA

50 dakika

4 porsiyon

İçindekiler

- 200 G Lazanya yaprağı, yeşil
- 1 TL tuz
- 400 G Somon fileto
- 5 TL Limon suyu
- 1 Adet Soğan, ince doğranmış
- 2 Adet Diş sarımsak, doğranmış
- 60 gr tereyağı
- 3 yemek kaşığı zeytinyağı
- 120 ml Beyaz şarap, kuru

- 200ml krema
- 1 ödül biber
- 1 yemek kaşığı limon kabuğu rendesi, rendelenmiş
- 120 G Gorgonzola
- 100 gr Parmesan, rendelenmiş

Hazırlık

1. Somon lazanya için lazanya yapraklarını paketin üzerindeki talimatlara göre pişirin, süzün ve süzün.
2. Daha sonra somon filetolarını yıkayın, mutfak kağıdı ile kurulayın, üzerine limon suyu ve tuz serpin ve ardından küpler halinde kesin.
3. Şimdi zeytinyağını bir tavada ısıtın, ince doğranmış soğan ve sarımsağı soteleyin, balık parçalarını ekleyin ve kısaca kızartın. Beyaz şarap ve kremayı karıştırın ve biraz azaltın. Parmesanı karıştırın ve rendelenmiş limon kabuğu rendesi, tuz ve karabiber ile tatlandırın.
4. Bir fırın kabını zeytinyağı ile fırçalayın ve somon karışımı katmanları ve makarna tabaklarını dökün, üstüne bir kat makarna koyun.

5. Ardından Gorgonzola'yı bir çatalla ezin ve lazanyanın üzerine tereyağı parçalarıyla birlikte yayın.
6. Önceden ısıtılmış (220°) fırında 20-25 dakika pişirin.

100. SOMON BROKOLİ LAZAGNA

65 dakika

4 porsiyon

İçindekiler

- 900 gr brokoli
- 1 Adet Soğan, doğranmış
- 40 gr tereyağı
- 50 gr Un
- 140 ml krema

- 120 ml süt
- 80 G Gouda, rendelenmiş
- 3 yemek kaşığı dereotu, doğranmış
- 12. Adet Lazanya yaprağı (pişirilmeden)
- 300 G Dilimlenmiş somon füme
- 1 ödül Hindistan cevizi, öğütülmüş
- 1 ödül tuz ve karabiber

Hazırlık

1. Önce brokoliyi temizleyin, küçük çiçeklere ayırın, yıkayın ve 0,5 litre kaynar tuzlu suda yakl. Isırılana kadar 4 dakika. Daha sonra brokoliyi bir elekten süzün ve pişirme suyunu toplayın.
2. Tereyağını bir tavada eritin, soğan parçalarını yarı saydam olana kadar soteleyin, unu toz haline getirin ve kısaca soteleyin. Kremayı, sütü ve brokoli suyunu azar azar ekleyerek karıştırarak kısık ateşte yaklaşık 10 dakika pişirin. Daha sonra sosu hindistan cevizi, tuz ve karabiberle tatlandırın ve dereotu ve peynirle karıştırın.

3. Dikdörtgen bir güveç kabına biraz sos sürün, ardından 4 yaprak lazanyayı üstüne yayın ve füme somon ve brokoli çiçeklerinin her birinin yarısını üstüne koyun. Sosun 1/3'ünü kaplayın. Ardından 4 yaprak lazanya, somon ve brokoli koyun. Üzerine sosun üçte birini daha yayın. Kalan lazanya yapraklarını örtün, kalan brokolileri üstüne koyun ve sosla doldurun.
4. Somon ve brokoli lazanyayı önceden ısıtılmış fırında (üst/alt ısı: 200°C, fan 175°C) yaklaşık 40 dakika pişirin.

ÇÖZÜM

Tatlının ölçülü olarak tüketilmesi gerektiğini, yani sağlıklı beslenmeyi sürdürmek ve kilo alımını önlemek için sadece mütevazı bir parçanın tüketilmesi gerektiğini unutmayın.

www.ingramcontent.com/pod-product-compliance
Lightning Source LLC
Chambersburg PA
CBHW070356120526
44590CB00014B/1152